KB248544

예술경영기법

예술경영기법

지은이 **김종식**

1956년 전남 여수 출생
1975년 여수고등학교 졸업
1981년 동국대학교 정치외교학과 졸업
1986년 서강대학교 경영대학원(MBA과정) 국제경영학 석사
1982~2002년 10월 현재 한국전력기술주식회사에서
사업개발 업무, 인사관리 업무, 조직관리 업무,
노사관리 업무, 기업문화 업무, 감사 업무 등
경영 부문 전 분야를 두루 경험하였음

연락처 (H · P) 011-9739-0952

예술경영기법

ⓒ 김종식 2002

초판 1쇄 발행일 · 2002년 10월 20일

지은이 · 김종식
펴낸이 · 이정원

펴낸곳 · 도서출판 들녘미디어
등록일자 · 1995년 5월 17일 / 등록번호 · 10-1162
주소 · 서울시 마포구 합정동 366-2 삼주빌딩 3층
전화 · 마케팅(02)323-7849 편집(02)323-7366
팩시밀리 · (02)338-9640
홈페이지 · www.ddd21.co.kr

값은 뒤표지에 있습니다. 잘못된 책은 구입하신 곳에서 바꿔드립니다.
ISBN 89-86632-81-0 (03320)

예술경영기법

히딩크 축구를 소재로 40가지 경영기법과
140여개의 기업사례로 예술경영의 비밀을 밝힌다

김종식 지음

들녘미디어

책을 발간하면서

필자는 1994년부터 1996년까지 회사의 기업문화 업무를 맡게 되었다. 당시 기업들은 1987년부터 노사분규를 겪으면서 내부적으로는 기업경영에 있어서 구성원간의 공유가치(정신 또는 생활양식)에 관심을 가지게 되었고 외부적으로는 경영환경이 급변함에 따라 생산, 마케팅, 인사관리 등 경영의 각 부분에 대한 변화의 필요성이 대두되면서 기업문화 활동에 관심을 가졌다.

기업들은 "우량기업의 요건이 무엇인가?"라는 관점에서 기업문화를 확립하고, 활성화하는 것이 필수적이라는 인식을 했다.

기업들은 앞을 다투어 종업원을 위한 연수, 세미나 및 메세나 활동 등을 지원했다. 이러한 분위기에 필자도 회사의 각종 기업문화 활동을 계획하고 시행하면서 바람직한 기업문화를 갖고 있는 국내외 기업을 알게 되었고, 이때부터 이들 기업에 대한 관심을 갖게 되었다.

하지만 1997년 국가가 IMF 구제금융을 받게 되는 처지에 놓이자 대부분의 국내 기업들은 종업원과 그의 가족을 위해 그동안 펼쳐 왔던 기업문화 활동을 접어두고, 기업생존을 위한 구조조정 차원에서 조직통폐합, 인원감축, 비용절약(특히 종업원 복지 및 교육훈련비 삭감) 등으로 위기를 벗어나기에 급급했다.

국가 금융위기를 벗어난 현재 국내 기업은 어떠한가?

구조조정으로 동료들이 일터를 떠나는 것을 지켜보면서 남아 있는 구성원들은 "남은 자의 증후군"을 보이고 있다. 직장이 더 이상 자신을 지켜주지 않고, 실직의 위협이 언제라도 나에게 닥칠 수 있다는 걱정이 앞서 업무에 대한 책임감도 떨어진 상태다. 이러한 종업원의 갈등이 치유되지 못한 환경에서 국내 기업들은 인재중시경영, 선택과 집중 등의 다양한 경영을 내세워 일류 기업으로의 도약을 추진하고 있다.

2002년 6월 한ㆍ일월드컵 축구대회에서 한국 대표팀은 예전과는 다른 모습의 경기력과 기대 이상의 성과를 보여주었다. 히딩크 감독은 재임 500일 기간 중 많은 어려움이 있었지만 팀이 어려울수록 선수들을 격려하고 사기를 북돋으며 팀을 꾸려 나갔다.

이러한 그의 행동은 IMF체제 때 대다수 우리 기업들의 최고경영자가 종업원에게 취했던 행동과는 비교가 되었다.

따라서 필자는 히딩크 감독의 혁명적 성과와 이러한 성과를 이루기까지의 과정을 우리 기업의 경영자들이 눈여겨봐야 할 훌륭한 경영사례라고 생각하게 되었다.

필자는 상대가 있고 경쟁에서 이겨야 하고 그러기 위해서는 전략이 있어야 한다는 측면에서 축구와 기업경영에는 공통점이 많다는 점을 착안해 히딩크 감독의 한국 대표팀을 소재로 일류 기업의 경영기법을 소개하고 싶었다. 왜냐하면 그가 대표팀 감독 재임기간에 보인 모든 행각은 철저히 준비되고 계산된 것으로, 요사이 일류 기업(속칭 잘 나가는 기업이거나 일하기 좋은 직장)이라 불리고 있는 기업의 경영기법을 전략적이고 체계적으로 활용했기 때문이다.

또한 시중에 봇물처럼 쏟아져 나온 책자와 언론에서는 한국 대표팀의 성과에 대해 "히딩크 용병술, 히딩크 경제학, 히딩크 경영학, 히딩크 리더십, 히딩크식 기업경영, 히딩크의 축구경영, 히딩크 폴로우십" 등의 타이틀로 여러 가지 이야기를 하고 있으나 이들의 공통된 내용은 대체로 히딩크 리더십으로 귀결되고 있다.

이에 필자는 히딩크가 한국팀의 감독을 맡은 이후 그가 우리에게 보여준 월드컵 4강과 "한국형 축구"의 탄생을 히딩크 리더십만

으로 설명할 수 없다고 생각한다. 왜냐하면 리더십은 경영조직의
기본이지, 전부가 아니며 경영조직의 기본은 리더십뿐만 아니라,
조직으로서 기능하는 능력, 조직유지능력, 종업원의 참여의욕으로
구성되기 때문이다.(다음 그림 참조)

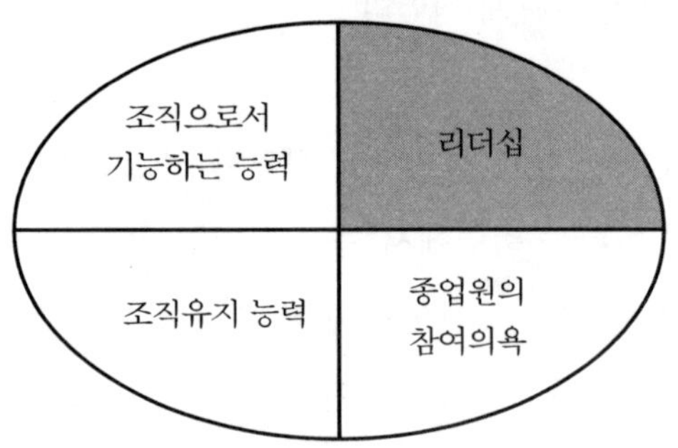

한국 대표팀의 성과를 분석하는 도구로 경영혁신기법인 「경영전
략」과 「기업문화」라는 2개의 틀을 활용했다.

「경영전략」 하부 5개 세부전략과 「기업문화」 하부 4개 세부문화
로 히딩크의 가치관, 언행, 태도, 옷차림과 대한축구협회의 활동
등을 분석하여 이에 대응하는 40개 경영기법을 적시하고 이러한
기법을 활용하고 있는 140개 국내외 기업사례를 소개했다.

필자는 히딩크 감독이 선수들과 신뢰를 바탕으로 한 열정으로 한
국 축구의 역사를 새롭게 썼듯이, 각 기업의 최고경영자들도 종업
원을 중시하는 경영을 통해 IMF로 흐트러진 사내 분위기를 일신하
고 바람직한 기업문화를 새로이 일구어 나가길 진심으로 바란다.

끝으로 이 책을 낼 수 있도록 도와준 도서출판 들녘 이정원 사장과 필자를 알고 있는 모든 사람들 그리고 가족에게 감사의 말을 전한다.

차례 | 예술경영의 비법

■포지션별 임무를 명확히 부여했고, 동료들과 어떤 식으로 유
기적 관계를 맺는지까지 일러줌(서번트 리더십)

사례: TD인더스트리즈, 레오

■감독을 보좌할 스태프진의 자율적 선발(자율경영)

사례: 리츠칼튼 호텔

■확신을 갖고 변화를 주도했고 선수들로부터 신뢰를 얻음
(강력한 리더십, 상황별 리더십, 신뢰경영)

사례: GE, 팀장과 팀원, SAS, 스타벅스

■훈련시에는 엄격하고 경기결과에 대해서는 선수들을 질책하
지 않는 행동(과정중시)

사례: 회사와 노동조합

■팀워크를 강조한 조직축구(조직중시경영)

사례: MS

■국내외 전지훈련 및 국제대회 참가
(체계적인 교육훈련, 서번트 리더십, 현장중시경영)

사례: 텍사스 인스트루먼트, KOPEC, 맥도날드, 삼성그룹, AT&T, SAS,
LG생활건강, 현대석유화학, 삼성종합화학, PSS

■페널티킥 실축을 현실로 인정(실패를 인정하는 경영)

사례: 3M

■놀이식 훈련과 히딩크는 분위기 메이커(유머경영)

사례: 사우스웨스트, LG전자, 뱅크 오브 아메리카, 동양제과, (주)태평양

■경기결과에 따른 보너스 지급(성과에 따른 인센티브 제도)

사례: Cisco Systems, Dell Computer, Double Click, Suppliers Network, 삼성전자

2. 생산전략 62

■환경변화에 따라 다양하고 창조적인 역할을 수행할 수 있는 멀티플레이어 전술훈련(생각하는 축구, Hiddink→He Thinks, 전략적 경영)

사례: 라이언에어, AT&T, 도요타, 용강 올꾼

■빠른 스피드를 이용한 축구(스피드경영)

사례: 예술의 전당, 로젠블러드, 에어로테크 서비스

■"지지 않는 경기"에서 "이길 수 있는 경기"로의 공격적인 전술 (가치창조)

사례: 스타벅스, 맥도날드

■경쟁력을 높일 수 있는 분야 집중 육성(핵심역량 강화)

사례: AES

■선수들에게 볼을 독점하지 말고 순간순간 최적의 볼 배분 주문(정보공유, 지식경영)

사례: 부크먼 레보러터리스, 토머스 제퍼슨, 현대인재개발원

■심리전과 용병술(신뢰경영, 직원중심경영)

사례: 시노버스 파이낸셜, 시스코 시스템즈

■과감한 투자(High Risk, High Return)

　사례: 삼성전자

3. 마케팅전략 80

■세계를 깜짝 놀라게 하겠다(고객중심경영)

　사례: 시어스로벅, 사우스웨스트

■한국의 경기력을 세계 수준으로 끌어올리는 것이다

　(고객중심경영, 윤리경영)

　사례: Johnson & Johnson

■월드컵 본선을 위한 절반의 준비(투명경영, 고객중심경영)

　사례: 애질런트 테크놀로지, 샘표식품, 대웅제약, 내부회계관리규정, 한

　려해운(주)

■1승 쟁취와 16강 진출이 목표(고객중심경영)

　사례: 퀄컴

■16강 진출 가능하다(고객중심경영)

　사례: K교수

■6월 초까지는 체력적으로 완벽한 팀이 될 것이다(고객중심경영)

　사례: 플로리다파워 & 라이트

■꿈을 이루겠다는 야망과 자신감(고객중심경영)

　사례: 홀마크

■한국 국민에게 선수 못지않은 친밀감을 갖게 됐다(고객중심경영)

　사례: 포항제철(현 POSCO)

■ 한국형 축구(신제품 개발, 고객중심경영)

　사례: 유나이티드 에어라인, 카네기

4. 재무전략 98

■ 맞춤식 체력훈련 실시 계획

■ 파워 프로그램 운영(Fundamental 강조, 체계적인 교육훈련)

　사례: 현대자동차, 기아자동차, 삼성SDS, 금호그룹

■ 선수 점검결과에 따른 맞춤식 체력훈련 실시(맞춤식 교육훈련)

　사례: KT, 포스코

■ 파워프로그램 운영기간 선수들의 간식 변경

5. 정보전략 103

■ 선진축구 흐름, 한국팀의 장단점 파악과 잠재력 및 월드컵 대진 상대국 정보 분석(지식경영)

　사례: 이랜드, 스칸디아 금융그룹, 리츠칼튼 호텔, 보잉

■ 언론담당관, 기술분석관, 비디오분석관, 체력담당관, 상설 주치의 등 각 분야 전문가 활용(스피드경영)

　사례: 현대 모비스, 삼화페인트

제2부 예술경영을 위한 기업문화

1. 관념문화   112

■월드컵 기간 중 나의 거취문제는 이야기하지 않겠다(리더의 소신)

　사례: 국민은행, 네덜란드 축구대표팀, 노키아

■체력강화훈련은 계속됐다(선택과 집중)

　사례: 삼성그룹

■미국-폴란드전에 개의치 않고 포르투갈을 꺾다(정도경영)

　사례: 유한양행

■승리할 수 있는 잔인한 마음가짐을 가져라(공격경영, 도전정신)

　사례: SK텔레콤, Kodak, 삼성그룹, 현대그룹, 비틀즈, 엘비스 프레슬리,

　에드먼드 힐러리

■월드컵과 함께 한다는 사실이 만족스럽다(일에 대한 열정)

　사례: GE, 한국전기초자

■'히딩크 스코어'라는 비난에도 My Way(장기적 안목중시)

　사례: GE, 아카호

■경기시 목표 제시(비전 제시)

　사례: 미국, 삼성그룹, LG그룹

■그들의 순수함이 나를 들뜨게 한다(신뢰경영)

　사례: LG투자증권

■엄격한 단체생활(조직중시경영)

　사례: BCS, 네덜란드 축구대표팀

들어가는 글

2002년 한·일월드컵 축구대회에서 히딩크 감독은 우리에게 월드컵 4강과 "한국형 축구 탄생"이라는 혁명적 성과를 보여주었다.

히딩크 감독은 한국 대표팀의 목표 달성과 한국 축구의 경기력 향상을 위해서는 이에 걸맞는 전략과 한국 대표팀에 대한 체질개선이 필요했다.

그가 재임 기간 동안 보여준 가치관, 언행, 태도 및 옷차림까지도 목표를 향한 절제되고 의도된 행적으로 보여진다. 그의 이러한 행적을 비교 분석하기 위하여 경영혁신기법을 활용했다.

이 기법에는 「관리혁신」, 「경영전략」, 「기업문화」라는 세 가지 틀이 있다. 이들 관계를 예를 들어 설명하자면 「관리혁신」은 잡초를 제거하기 위해 제초제를 치는 격이고, 「경영전략」은 종자를 개

량하는 격이며, 「기업문화」는 토질을 바꾸는 격이다.

따라서 한국 대표팀의 혁명적 성과를 경영혁신기법으로 설명하자면 「관리혁신」 차원을 넘어선 「경영전략」과 「기업문화」 차원에서 접근해야 한다.

아래의 그림은 「관리혁신」, 「경영전략」, 「기업문화」와의 관계를 말해준다.

히딩크 감독이 목표 달성을 위해 한국 대표팀의 체질을 바꾸듯이 기업의 최고경영자도 목표 달성을 위해 경영전략을 수립하고 그 기업만의 독특한 기업문화에 맞추거나 때로는 충돌하면서 경영을 하게 된다.

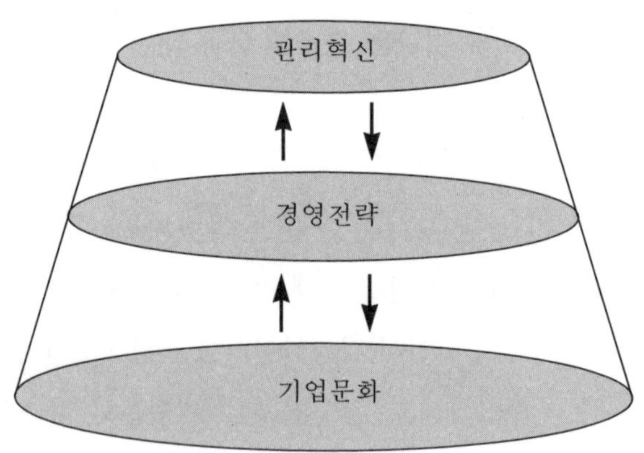

다음의 그림은 「경영전략」 추진과정에서 「기업문화」와의 충돌로 일그러짐(Distortion, 기득권 세력의 반발 등으로 나타난다)이 나타날 수 있음을 보여주고 있다. 이 과정에서 연륜이 짧은 기업은 「경영전략」이 「기업문화」에 우선하게 되고, 연륜이 오래된 기업은 「기업문화」가 「경영전략」에 우선하게 된다.

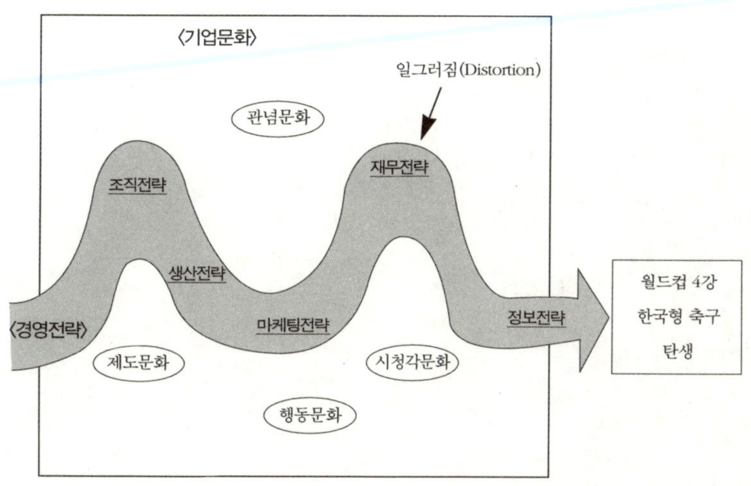

「경영전략」의 세부 5개 전략(조직전략, 생산전략, 마케팅전략, 재무전략, 정보전략)과 「기업문화」의 세부 4개 문화(관념문화, 제도문화, 행동문화, 시청각문화)로 히딩크 감독의 가치관, 언행, 태도, 옷차림과 대한축구협회의 활동 등을 분석하여 이러한 사항들이 현재 일류 기업의 어떠한 경영기법에 속하는지 적시하면서 이러한 경영기법을

활용하고 있는 국내외 기업사례를 제시한다.

　왜냐하면 그의 재임 기간 동안의 행적은 철저히 준비되고 계산된 것으로 요사이 잘 나가는 기업에서 활용하고 있는 경영기법(인재중시경영, 공격경영 등)을 전략적이고 체계적으로 활용했기 때문이다.

제1부
예술경영을 위한 경영전략

한국 대표팀의 실력을 향상시키고 2002년 한·일월드컵 축구대회에서 국민과 약속한 목표를 달성하기 위한 전반적인 계획을 말한다. 세부계획으로는 조직전략, 생산전략, 마케팅전략, 재무전략, 정보전략으로 구분할 수 있다.

1. 조직전략

선수 선발, 훈련, 기본 전술, 포지션별 임무 및 인센티브 등에 대한 계획이다.

■ **학연과 지연에 얽매이지 않은 공개적인 선수 선발**
   (연고문화 탈피, 공정성, 경쟁력 제일주의, 인재중시경영)

▶ 히딩크 감독은 부임 이후 그동안 축적된 자료나 축구관계자들의 조언에 의존하기보다는 프로 및 대학 축구팀의 경기가 있는 운동장을 직접 찾아다니면서 자신이 생각하는 최적의 선수를 발굴해 냈다.

유럽 및 일본에 진출해 있는 우리 선수들의 기량점검을 위해 감독 자신이 직접 가거나 코칭 스태프를 현지로 파견했다.

그 당시 해외에는 황선홍, 홍명보, 유상철, 최용수, 박지성, 윤정
환, 최성용, 안효연, 안정환, 설기현, 심재원 등이 뛰고 있었다.

▶ 그는 "나에겐 이른바 스타플레이어의 명성은 중요하지 않다"
며 "스타플레이어란 외부적인 요인에 의해 만들어지는 게 아니라,
그라운드에서의 역량으로 만들어지는 것"이라고 말하며 선수 명성
이나 경력을 철저히 무시했다.

▶ 2001년 9월 모 일간지 창간기념 인터뷰에서 히딩크 감독은
"한국이 그동안 4차례나 월드컵 본선에 나가서 힘 한번 제대로 쓰
지 못한 것은 결코 운이 없어서가 아니라 애초에 선수 선발부터 잘
못됐기 때문"이라며 "현 대표팀의 가장 큰 성과는 젊고 유망한 선
수들의 발굴"이라고 강조했다.

┌─ 인재중시경영 사례 1 ─────────────────────

　　GE의 최고경영자였던 랠프 코다이너는 1956년 크론토빌에
경영개발연구소를 창립했다. GE의 크론토빌(Crontoville) 연수
원은 1950년에 설립돼 1980년대 초까지는 주입식 강의 위주의
임직원 교육을 실시해왔다. 하지만 1980년 잭웰치가 회장으로
취임하면서 새로운 리더 육성이 GE혁신의 원천이라고 강조하
면서 전통적인 주입식 교육을 완전히 지워버리고 가치, 문화,
비전 그리고 리더십을 개발해 기업문화를 변화하는 장소로 크

론토빌 연수원을 활용했다.

GE가 그간 20년에 걸쳐 다른 기업보다 월등히 성공적일 수 있었던 것이 바로 지도자급 인재를 양성하면서 가능했다고 한다. 잭웰치는 30만 명의 종업원을 거느린 거대기업의 회장이지만 연수원에서의 임원교육에 특히 관심을 보였다. 그는 임원교육에 반드시 참여해 자신의 의견을 전달하는 기회를 가졌고 강의 시간은 최소화하는 한편, 피교육자들이 적극적으로 참여해 개인의 의견을 말하고 토론하게 했다. 개인 역량을 배가하는 방식을 취한 것이다.

전략적인 목표들은 실제 기업현장에서 발생하는 다양한 문제들을 토론하면서 해결 방안을 찾는, 행동을 통한 학습방법으로 인재양성을 꾀했다.

┌─ 인재중시경영 사례 2 ─────────────

외환은행은 2002년 6월 1, 2급 몫인 본점 주요 부서장 14명을 교체하면서 9명은 40대의 3급 직원을 기용해 나이와 직급 위주의 관행을 한꺼번에 파괴했다. 또 일선 영업을 지휘하며 본부와 영업점의 가교역할을 맡은 지역본부장도 연공서열에 관계없이 실적이 우수한 젊은 직원을 발탁했다.

조흥은행도 조직 활성화와 책임경영체계 확립을 위해 본부부서장, RM(기업금융전담 점포)지점장, 신설 점포장 등에 대한 공모제를 실시했다. 은행은 그동안 3급 이상으로 제한하던 공모대상 직급을 4급 이상 전직원에게 개방, 각자 작성한 경영계획서를 평가해 2002년 7월 정기인사에 반영했다. 3, 4급 직원 80명 응모자 중 8명을 발령했는데 이중 4명이 4급 직원이었다.

── 인재중시경영 사례 3 ─────────

마이크로소프트(MS)사는 회사의 핵심역량은 우수 인재 확보에 있다고 한다. 회사는 입사 지원자가 어디에 살고 있는지는 중요하지 않고, 소프트웨어에 대한 열정 하나로 인생을 살고자 하는 똑똑한 사람을 찾을 뿐이라고 한다.

이러한 우수 인재 선발을 위해 마이크로소프트사는 특히 내부 구성원들의 추천에 의한 선발 방법을 활용하여 전체 채용인력의 40% 정도를 채용하고 있다.

휴렛팩커드(HP)사도 졸업 성적이 아무리 우수하더라도 정식으로 채용하지 않는다. 인턴이나 아르바이트로 일할 수 있는 기회를 제공하고 공동 프로젝트 수행 과정을 살펴보면서 지원자들의 업무수행능력을 파악하여 채용에 신중을 기한다.

── 인재중시경영 사례 4 ─────────

"우수 인력 한 사람이 10만 명을 먹여 살린다", "바둑 1급 10명이 힘을 모아도 바둑 1단 한 명을 이길 수 없다."

2002년 이건희 삼성그룹 회장이 던지는 화두는 핵심인력 영입이다. 기술이 기업의 경쟁력을 좌우한다는 것이다. 일단 인력을 영입했으면 최고의 대우를 해주고 최대한 활용하라고 주문한다.

히딩크는 88서울올림픽이 끝나고 귀국하는 브라질의 호마리오를 리우데자네이루 공항까지 쫓아가서 납치해온 "미사일 스카웃"의 대명사다. 다른 구단에서 손을 뻗치자 브라질까지 날아가 호마리오를 낚아챈 히딩크의 적극성은 놀랍다 못해 가공할 정도다.

히딩크의 조련을 받은 호마리오는 1988년에 네덜란드의 명문 구단 PSV 아인트호벤에서 3회 우승(네덜란드 축구협회컵, 유럽축구연맹 챔피언스컵, 도요타컵)을 따내는 기염을 토하며 월드 스타로 도약할 수 있었다.

■일자 수비(Flat Defence) 도입

▶ 과거 한국 축구는 수비가 일자로 서는 게 아니라 두명의 수비수 뒤에 최종 수비수를 두는 3-5-2 시스템의 대인방어만을 고집

해왔으나, 세계 축구는 이미 오래 전부터 상대 공격을 미들필드부터 압박하여 공수 간격을 좁히고 공격시에는 수비라인도 공격에 따라 전진하는 추세다.

이에 히딩크 감독은 자신이 추구하는 토탈사커를 구사하기 위해서 일자 수비를 기본으로 한 4-4-2 시스템의 지역방어를 도입했다. (패러다임 전환)

▶ 일자 수비는 '一'자 형태의 최종 수비라인이 강한 프레싱을 가하면서 공격시에는 미들필더들과 같이 공격에 적극 가담하고, 수비시에는 미들필드에서부터 상대를 압박하여 상대의 공격에 정면 대응하는 공격지향전술이다. (공격경영)

패러다임 전환 사례 1

딕과 모리스, 맥도날드 두형제는 1940년 캘리포니아에 바비큐 식당을 차렸다. 미국에 흔히 있는 차를 타고 들어갈 수 있는 식당이라는 것 이외에는 별다를 것이 없었다. 두 형제는 식당 경험을 쌓으면서 손님들이 주문하면 기다리는 것을 싫어하고, 빨리 식사하기를 바란다는 걸 알았다.

형제는 1948년에 패스트푸드 식당으로 바꿨다. 이전까지는 손님들이 주문하면 음식을 손님에게 가져다주던 것을 손님들이 운전을 해서 첫 번째 창구에서 주문을 하고, 다음 창구로 운전해 가면 주문한 것들이 즉시 나오도록 했다. 메뉴도 매우 간단하게 전문화했다.

그러나 이 방법 때문에 10대를 놓치고 일반고객 80%도 등을 돌렸다. 시간이 지나면서 10대보다는 가족 중심의 음식점으로 인식이 되면서 대성공을 거둔다. 이 음식점이 맥도날드의 출발이다.

─ 패러다임 전환 사례 2 ─────────────

시스템통합업체인 삼성 SDS가 일부 영업사원을 대상으로 '모바일 오피스'를 실시하며 해당사원들의 자리를 없앴다. 영업사원은 아침에 회사 대신 고객사로 바로 출근해 사람들을 만나고 업무를 본다.

이 회사는 최근 자사 기업용 포털 솔루션인 '에어큐브'를 모바일화해 전체 영업사원의 35%에 해당하는 15개팀 160명의 직원을 대상으로 모바일 오피스를 도입했다. 업무보고는 주로 노트북을 이용한다.

회사는 이 제도의 도입으로 사원의 책상을 모두 없애버린 대신 회의를 할 수 있는 공동테이블이 있는 '모바일 오피스 존'만 남겨 놓았다. 직원들은 1주일에 1~2회씩 팀별 회의가 있을 때만 회사에 들어올 뿐 출퇴근시간에 구애받지 않는다.

─ 패러다임 전환 사례 3 ─────────────

캄캄한 곳에서 병속에 여섯 마리의 꿀벌과 파리를 집어넣고 그 밑바닥을 밝은 창문을 향하게 수평으로 놓아두면 꿀벌과 파리 중 어느 쪽이 더 빨리 병에서 빠져나올까?

고든 서어(Gorden Sir)의 이 시험은 놀라운 사실을 말해준다.

꿀벌은 "모든 출구는 가장 밝게 빛나는 곳에 있어야 한다"는 너무도 논리적인 사고 덕분에 그 스스로 지치거나 굶어서 죽을 때까지 출구를 찾아내지 못한다. 그러나 파리는 단 2분도 안 되어 반대쪽 병목을 통해 기운차게 빠져나온다.

공격경영 사례

송자 (주)대교 회장은 2001년 3월 취임 이후 회사의 성공적인 변화를 위한 외부의 평가를 받았다. 평가기관인 매킨지는 현재 6,500억 원 매출에서 2009년 4조 원의 매출을 올릴 수 있는 회사라는 평가를 했고, 회사가 역량이 있는 만큼 다양한 신규사업을 펼칠 것도 권유했다.

송 회장은 이후 해외사업팀과 신규사업팀을 발족시키고 지(知) 캠프 클래스와 지(知) 캠프 아카데미라는 이름의 학원사업에 진출했다.

또 삼성출판사의 전집사업 부문도 인수했다. 내부적으로는 조직, 성과관리, 인재육성 등 4개 분야의 데스크포스팀도 구성했다.

이러한 공격적인 경영을 뒷받침이라도 하듯, 송 회장은 "교육사업의 특성상 대규모 자본투입이 없어 그 만큼 사업에 대한 위험 부담도 적다. 이런 장점을 100% 발휘해 수업료를 내겠다는 각오로 새로운 사업 분야를 개척할 필요가 있다"고 한다.

■ 멀티플레이어 육성과 끊임없는 경쟁 유도
(아메바형 인재 육성, 임파워먼트〔Impowerment〕, 포지션〔Position〕
파괴)

▶ 한국팀이 강력한 압박축구를 구사하기 위해 선수들은 다양한 포지션을 경험해야 했고, 한 선수가 2~3개의 포지션을 익힘으로써 경기 전체에 대한 이해를 깊게 할 수 있었다.

▶ 또한 히딩크 감독은 선수 개개인의 기술보다는 시스템에 문제가 있음을 발견하고, 시스템을 3-5-2에서 4-4-2로 바꾸어도 자기 영역만 고수하려는 선수들의 습관화된 태도에 문제가 있다고 판단한 후 모든 선수들에게 멀티플레이어가 될 것을 주문했다.

▶ 그는 61명 대상선수 중 23명을 최종 선발했는데, 이중 14명이 월드컵에 처음 출전하는 선수였다. 우리가 잘 아는 대표팀 맏형인 홍명보조차도 11차례 소집한 대표팀 가운데 5번씩이나 탈락하는 수모를 겪어야 했으며, 11차례 소집한 가운데 한 번도 빠짐없이 승

선한 선수는 송종국, 이운재, 이민성 3명뿐이었다.

이렇게 실력으로만 선수를 선발함으로써 선수들간 신뢰와 선수 개개인이 자부심을 갖게 되었고 한국 축구의 고질병으로 지적되어 온 세대교체를 자연적으로 해결하는 부차적인 효과도 가져왔다.

▶ 과거 한국 대표팀은 포지션별 전문화를 이유로 특정 유력 선수를 지목하여 포지션을 맡겼으나, 히딩크 감독은 경기 당일까지도 포지션별 자유경쟁체제를 유도하여 선수들간 선의의 경쟁을 유도했다.

그는 "난 월드컵을 베스트 23으로 준비한다"고 말했다.

아메바형 인재 육성 사례

일본 교세라(Kyocera)는 '아메바 조직'이란 독특한 구조로 효율성을 극대화하고 있다. 교세라는 반도체 부품, 이동전화, 태양전지, 고급카메라 등을 생산하는 전자통신업체다. 이 회사는 3천 개가 넘는 소조직의 집합체처럼 운영되고 있다.

단일 조직은 최소 3~4명, 최대 30명, 초미니 조직이지만 엄격한 독립채산제로 운영된다.

임파워먼트 사례 1

방수용 직물 고어텍스를 생산하고 있는 고어사는 직위나 서열에 관계없이 자신들이 해야 할 일을 스스로 결정해야 하나,

그렇지 못할 경우 직위고하를 불문하고 다음과 같은 메시지를 받는다. "만약 당신이 무엇을 어떻게 해야 하는지 지시를 받고자 한다면 우리 회사에서 적응하는 데 많은 어려움이 따를 것입니다. 당신은 스스로 최고를 지향해야 합니다. 당신의 업무나 자리는 따로 정해져 있지 않습니다. 무엇을 할 것인지는 당신 스스로 파악해야 합니다."

한 신입사원은 이것을 형식적인 구호로만 생각했다. 그러나 이러한 방침이 실제로 행해지는 것을 보고 커다란 매력과 의욕을 느꼈다고 한다. 회사에 출근하자 사장이 "한 바퀴 돌라"는 말만 남기고 사라진 것을 보면 모든 것을 자신이 결정하고 스스로 책임지는 회사임이 분명했다. 급여 수준은 다른 회사들과 비교하여 중간 정도지만 독특한 성장 기회와 근무환경 때문에 많은 젊은이들이 이 회사에 근무하기를 원한다.

회사에는 개개인에게 각별한 관심을 갖고 후원해주는 후원자만 있을 뿐 보스는 없다. 이것이야말로 직원들을 피고용인으로 보지 않고 최고경영자로 키워낼 수 있는 경영의 표상인 것이다.

"임파워먼트란 조직의 구성원에게 더 많은 권한과 책임을 부여하여 구성원 개개인속에 구속된 파워(Power)를 풀어주는 것이다."

Levi Strauss사의 청바지 공장에서는 운반용 트럭을 구입할 때 실제 트럭 운전사들에게 트럭의 사양, 공급자와의 가격 협상, 최종 구매 결정에 이르기까지 의사결정 과정에 직접 참여시킴으로써 실질적인 업무주체로 활동할 수 있도록 배려하고 있다.

노드스트롬은 미국 백화점업계에서 '최고의 고객 서비스 회사'란 찬사를 받고 있는 회사다. 이 회사는 '고객만족을 위해서라면 무슨 일이든 한다'는 기본원칙 아래 질 높은 서비스를 제공하고 있다.

이 회사는 매장 지배인에게 판매사원에 대한 인사권과 상품 구매권 등 매장 운영에 관한 전권을 주고 있다. 이를 통해 직원들을 기업가적인 자영업자처럼 무장시키는 것이다. 물론 실적에 대한 책임을 철저히 한다.

사우스웨스트 항공은 미국에서 7번째로 큰 항공사이고 24년간 연속 흑자 기록을 낸 우량회사다. 이 항공사의 조종사들은 정시 출발이 지연될 조짐이라도 보이면 고객의 짐을 손수 나르는 것도 마다하지 않는다.

러시아에서 태어나 자란 유대인 화가 미크 샤갈이 프랑스에서 전시회를 할 때 기자들이 몰려왔다. 샤갈이 말했다. "나는 불어를 모릅니다. 내 작품에게 물어보십시오. 통하는 마음이 있다면 언어는 중요한 것이 아닙니다. 서로 알아들으려면 '자기 공간'의 벽부터 헐어야 합니다"라고 말했다.

'청바지의 날', '캐주얼의 날' 등 기업마다 나름대로 날을 정해 평상복을 입도록 하는 경우가 있다. 이런 현상은 금요일마다 상품선적을 했던 HP에서 기원을 찾을 수 있다. 휴렛팩커드는 금요일 퇴근시간이 임박했는데도 선적하지 못한 상품이 있을 때, 전 직원이 평상복으로 갈아입고 선적을 도왔다. 이런 전통은 휴렛팩커드 직원들이 다른 업체들로 이적하면서 점차 확산되었고, 그 결과 오늘날의 하이테크 업체에서는 평상복을 입는 것이 전통으로 자리잡았다.

르노 삼성자동차는 프랑스 르노, 일본 닛산, 삼성 자동차 등 3개 자동차 회사를 배경으로 조직되어 조직원들간의 커뮤니케이션이 문제가 될 수 있었다.

회사는 2000년 9월 출범하자마자 제일 먼저 임원 집무실을 없앴다. 상하간 의견교환을 촉진하기 위해서였다. 다른 사무공간도 의사소통을 방해한다며 불필요한 벽을 모두 없앴다. 사업부서간 막힘없는 의사소통과 토론문화 때문인지 르노 삼성차 (SM5) 월별 판매량은 출범 당시 2,000대 수준에서 2002년 5월 처음으로 1만 대로 급증했다.

한국HP(주)는 입구를 빼고 사장실을 포함해 어떠한 사무실에도 별도의 문이 없으며 모든 공간이 하나로 통합돼 있다. 사장실까지 독립된 공간으로 만들지 않고 개방한 것은 직원들이 사장에게 직접 올 수 있도록 하고 사장도 직원들에게 귀와 마음을 열어 놓도록 하기 위한 조치라 한다.

■포지션별 임무를 명확히 부여했고, 동료들과 어떤 식으로 유기적 관계를 맺는지까지 일러줌 (서번트 리더십)

▶ 히딩크 감독은 포지션별로 자기 수비지역을 지키는 절제된 움직임과 공격 및 수비의 유기적 플레이를 주문했다.

▶ 부임 이후 계속된 훈련과 경기에서 많은 시행착오를 겪다가 2000년 11월 크로아티아전부터 수비가 안정되기 시작했고, 미들

필드의 압박이 좋아졌다는 관계자의 평가가 있었다.

미국 TD인더스트리즈사는 건물에 하수도 발전기 등의 장비를 설치하거나 관련 서비스를 제공하는 업체다.

이 회사의 로웨 회장은 "훌륭한 사람들이 와서 일하게 만드는 게 우리 회사의 존재 이유"라고 말한다. 이 회사가 100% 종업원 지주회사라는 점은 그의 말을 뒷받침했다.

이 회사 종업원들은 '파트너'라고 불린다. 수직적인 고용관계가 아니라 회사와 함께 커가는 수평적인 파트너로 존중되고 있다. 이 회사의 경영철학엔 '서번트 리더십(Servant Leadership)'이 자리잡고 있다. 좀더 구체적으로 말하자면 서번트 리더십을 통한 종업원 존중이다. 로웨 회장은 서번트 리더십의 요체를 "종업원들이 성장할 수 있도록 봉사하는 것"이라고 설명했다. 종업원들을 단순한 고용자가 아닌 인격체(Total Person)로 존중해주고 리더로 성장시킨다는 것이다.

이 회사의 서번트 리더십 철학에 따라 종업원들로부터 인정받고 존경받는 리더가 되려면 먼저 부하들에게 봉사해야 한다는 점을 강조하고 있다. 리더는 종업원들의 꿈을 키워주는 역할을 해야 한다는 것이다.

회사에서 리더는 절대로 "밀어붙여(Get going)"라고 말해서는 안 된다. 언제나 "함께 밀고 나가자(Let's go)"라고 해야 한다. 종업원들을 아랫사람이 아닌 파트너로 여기기 때문이다.

서번트 리더십을 통해 경영진과 종업원들, 또 종업원과 종업원들간의 신뢰를 쌓아가는 '사람 중심'의 조직문화를 구축한 것이다. 이 회사는 서번트 리더십 교육을 위해 미국 전역에서 최고의 컨설턴트를 찾아 컨설팅을 받는다. 중간 간부급 리더는 종업원들을 얼마만큼 성장시켰느냐로 평가받고 있다. 종업원 성장여부는 고객만족도, 매출신장률, 안전(무재해), 기획력 등을 기준으로 삼는다.

경영진과 종업원들의 사내 커뮤니케이션 프로그램도 이채롭다. 월별 분기별로 모여 매출현황 등의 정보를 공유한다. 급여를 나눠줄 때는 회사경영 내용이 담긴 미니 뉴스레터가 첨부된다. 회장은 해마다 10~15명의 종업원을 무작위로 선발해 약 20회의 조찬 대화시간을 갖는다. 회사의 비전과 운영방침 등을 설명하는 한편, 종업원의 건의사항은 즉시 조치해주고 있다.

서번트 리더십 사례 2

헤르만 헤세의 『동방으로의 여행』은 동방국가를 찾아 여행을 떠나는 순례자들에 관한 이야기다. 일단의 귀족들이 여행을 떠나게 되었다. 이들을 안내하는 자는 레오라는 하인이었다. 그는 귀족들을 위해 여행에 필요한 모든 것을 제공했다. 또한 하찮은 일을 도맡아할 뿐만 아니라 귀족들의 지친 영혼을 위로하기도 했다. 여행 초기에는 모든 것이 만족스러웠고 귀족들은 즐거운 여행을 보내고 있었다. 그러나 시간이 흐르면서 귀족들은 레오에게 불평하기 시작했다. 레오는 이를 견디다 못해 마침내 사라지고 말았다.

레오가 없어지자 귀족들은 오합지졸이 되었다. 이들은 우왕좌왕하면서 어디로 가야 할지, 무엇을 봐야 할지, 무엇을 먹어야 할지 등을 알지 못해 허둥대었다. 그들은 레오가 없는 여행에서 아무것도 할 수 없었다. 그때서야 비로소 레오의 소중함을 깨닫고, 그가 진정한 순례자들의 리더임을 알게 되었다.

■감독을 보좌할 스태프진의 자율적 선발 (자율경영)

히딩크 감독은 부임시 어시스턴트 코치 핌 베어백과 테크니컬 코디네이터 장 로앨프와 함께 입국했다.

자율경영 사례

1992년 미국 말콤 발드리지 품질대상을 받은 리츠칼튼 호텔은 아주엘라 종업원에게 상당한 재량권을 주었다. 손님에게 필요하다고 생각되는 서비스가 있다면 그녀 스스로 판단해서 실행할 수 있도록 한 것이다.

예를 들어 그녀는 고객의 불편이나 문제를 해결하는 데 필요

하다고 판단하면 2,000달러까지 재량껏 지출할 수 있는 권한을
가지고 있다.

　리츠칼튼 호텔하면 호텔 경영상의 여러 가지 기술이나 노하
우 면에서 정상을 달린다는 평가를 받고 있는데, 이제는 그런
평가가 객실청소 및 관리업무를 맡고 있는 아주엘라 선까지 내
려와 있는 것이다.

■확신을 갖고 변화를 주도했고 선수들로부터 신뢰를 얻음

▶ 히딩크 감독은 스태프와의 회의에 앞서 "의견을 나누는 것은
좋지만 최종 결정은 내가 한다"고 분명히 말한다. 그는 또한 훈련
시간, 선수 선발 등에 있어서 자신만이 정보를 독점하여 모두가 그
를 바라보도록 했다.(강력한 리더십)

▶ 그는 훈련시 선수에 따라 다르게 관리하였다.(상황별 리더십)
  • 홍명보, 황선홍, 최진철, 김태영 같은 노장에게는 질책보다
    는 칭찬으로
  • 이을용, 안정환, 현영민, 이천수, 최태욱, 설기현, 이영표 같
    은 신예에게는 적극적으로 강한 질책을 했다.

▶ 그는 선수들의 말을 경청하고 개개인의 인격을 존중해줌으로

써 그들의 능력을 100% 끌어올릴 수 있었다.(신뢰경영)

┌── 강력한 리더십 사례 ──────────────

GE의 잭웰치는 1987년 토머스 에디슨이 창립한 신성불가침 성역인 소형 가전사업을 톰슨사의 의료기기 사업과 맞바꿀 당시에 '미국의 유산을 팔아 넘기는 매국 행위'라는 비판을 받으면서도 과감하게 처리했다.

그에게 있어 사업 선택의 확실한 신념은 오로지 수익성과 1, 2등을 할 수 있는지 여부와, 사업 상호간의 통합성과 시너지 효과가 있는지 여부에 달려 있었다.

┌── 상황별 리더십 사례 ──────────────

어떤 회사 팀장 밑에 부하 4명이 근무하고 있다. 그들은 각각 능력과 자발성에 있어 차이를 보이고 있다. 이러한 4종류의 직원을 팀장이 다음과 같이 관리했다.

첫 번째, 능력 있고 자발성도 있는 부하에게는 위임적 리더십을 발휘한다. 리더는 부하의 결정을 수용하며, 단지 주기적으로 부하의 실적을 모니터한다.

두 번째, 능력 있으나 자발성이 없는 부하에 대해서는 참여적 리더십을 발휘한다. 리더는 문제해결 및 목표수립에 부하를 참여시킨다.

세 번째, 능력 없으나 자발성이 있는 부하에 대해서는 설득적 리더십을 발휘한다. 리더는 부하의 주도적 행동을 칭찬하지만 쌍방통행식 대화를 통해 부하를 설득하고 부하의 업무에 대한 지도를 계속한다.

네 번째, 능력 없고 자발성도 없는 부하에 대해서는 지시적 리더십을 발휘한다. 리더는 부하의 업무수행을 직접 감독하고 평가한다.

"상황별 리더십이란 사람들의 행동에 영향을 미치는 유일 최선의 방법이란 없다는 것을 전제로 하고 있다. 리더십 유형은 리더가 영향을 미치려고 하는 부하들의 성숙 수준에 달려 있다는 것이다."

신뢰경영 사례 1

미국 데이터 처리용 소프트웨어 개발, 임대 및 관련 서비스업체인 SAS 본사는 차라리 대학 캠퍼스다. 짐 굿나이트 공동창업자 겸 회장의 경영철학은 "항상 직원들을 믿고 특별하게 대우하면 성과가 나게 마련"이라 한다.

회사는 직원들에게 탁아시설, 의료지원, 피트니스 센터 등 '월드 클래스'의 총체적 편의를 제공하고 있다. 미국 기업으로는 드물게 주 35시간 근무제를 도입해 오후 5시면 모든 직원이 퇴근한다.

캠퍼스 내 의료시설에는 외과가정의, 물리치료사, 마사지사 등을 두고 직원들의 건강을 돌보고 있다. 의료비는 직원 1인당

1백 달러, 가족당 3백50 달러, 외부 진료기관 이용시 1천 달러까지 보조해준다. 직원 1인당 세 자녀까지 사내 몬테소리 탁아소를 무료로 이용할 수 있다. 전체 직원의 5%를 차지하는 여성직원 및 매니저들을 위한 배려다. 부득이 하게 퇴근이 늦어 저녁식사를 못 챙기는 직원들을 위해 'Meals to go' 프로그램을 운영하고 있다. 집에 가서 가족과 함께 요리해 먹을 수 있도록 저녁식사 재료를 챙겨주는 세심함이 엿보이는 프로그램이다.

거의 모든 직원에게 개인 사무실을 마련해줘 업무에 집중할 수 있도록 했다. 미국 내 백위권 안에 속한 기업들 중 97%가 SAS의 소프트웨어를 사용하고 있음이 말해주는 만큼, 종업원은 대우한 만큼 열심히 일한다는 뜻이다.

회사는 조직의 활력을 유지하기 위해 직원들이 다른 부서로 자유롭게 이동할 수 있도록 허용하고 있다. 체계적인 교육 프로그램을 통해 영업훈련, 기술훈련, 관리훈련 등을 받게 한 후 새 포지션으로 이동시킨다. 임직원들은 직원들과 함께 식사한다. 회사는 금전적인 보상을 늘리는 대신 전반적인 근무환경의 질을 높이는 데 더 큰 비중을 두고 있다.

"신뢰경영이란 조직 내 상하간 신뢰가 돈독하며 동료들간에 재미있게 일하고 자신의 업무나 회사에 대해 충만한 자부심을 가질 수 있도록 하는 경영기법이다."

■ 훈련시에는 엄격하고 경기결과에 대해서는 선수들을 질책하지 않는 행동 (과정중시)

▶ 2001년 5월 30일 컨페더레이션스컵에서 프랑스에게 0 : 5로 진 뒤 히딩크 감독은 "나는 괜찮은데 너희들은 왜 그렇게 풀이 죽어 있느냐"며 오히려 선수들을 위로했고 "지금 중요한 것은 이기는 것이 아니다"라는 한마디로 모든 선수들에게 힘을 불어넣었다.

▶ 2001년 9월 13일 나이지리아 평가전 이후 "언제까지 시험만 할 것이냐"는 비판에 히딩크 감독은 "모든 과정이 월드컵을 향한 테스트니 참아달라"고 말했다.

▶ 2002년 1월 28일 북중미골드컵 멕시코전 이후 골드컵 우승을

목표로 하느냐라는 질문에 히딩크 감독은 "월드컵 본선대비가 가
장 중요하다. 우승보단 경기 내용이 더욱 중요하다. 골드컵은 월드
컵으로 가기 위한 과정에 불과하다"라고 말했다.

　　대부분의 기업에는 노동자의 권익을 대변하는 노동조합이 존
재한다.

　　회사와 노동조합은 매년 아니면 격년으로 임금협약과 단체협
약을 체결한다. 이 체결과정에서 노사간 많은 실무 교섭과 본 교
섭을 가지게 된다.

　　노사간 교섭을 가졌으나 합의를 보지 못하면 대체로 노동조합
이 교섭결렬 선언을 하고, 노동위원회에 조정신청을 하게 된다.

　　노동위원회에서는 조정신청을 접수하기 전에 노사간의 성실
한 교섭과정을 중시한다. 예를 들면 사측 대표가 교섭 석상에
몇 회나 참석했는가, 교섭내용이 충실한가, 노사간 일정기간에
몇 회나 교섭을 가졌는가 등에 대해 점검하는 것이다.

■ 팀워크를 강조한 조직축구 (조직중시경영)

▶ 히딩크 감독은 한국 대표팀 선수들이 유럽 · 남미 선수들과 비

교해 체력 조건과 개인기가 뒤처지고, 팀내 뛰어난 플레이메이커가 없는 점을 감안하여 팀워크를 강조하는 조직축구를 정착시켰다.

▶ 그는 "팀 분위기를 위해서라면 아무리 능력있는 선수라도 제외될 수 있다"고 강조하면서 상대방에 대한 존경이 바탕되지 않은 경쟁은 무의미하다고 말한다.

▶ 그는 "골을 넣으면 팀 전체의 조직력이 바탕이 되어서 넣은 것이고, 골을 먹어도 팀 전체의 조직력이 흔들려서 먹은 것이다"고 말한다.

조직중시경영 사례

2000년 스티브 발머 MS 사장은 빌 게이츠 회장에게 지나치게 의존하는 경영 체제에서 경영권을 넘겨받아야 했다. 즉, 그는 MS가 5만여 명의 거대기업으로 성장함에 따라 규모에 맞는 능률적인 방법을 도입해야 한다고 판단했기 때문이다.

발머 사장의 화두는 단연 '조직의 시스템화'다. 그는 "예전의 소규모 기업 운영방식으로 MS를 운영해 나간다는 것은 난센스"라고 잘라 말한다. 예산과 기획 분야에서는 세일즈 부문과 제품 개발 부문이 함께 인력과 예산을 배분하도록 함으로써 실적과 비용에 따라 조직을 유연하게 바꿀 수 있도록 했다.

직원들의 일체감 조성을 위한 교육도 활발히 진행, 'MS 리더십'이라는 집합교육 프로그램으로 회사에 대한 소속감과 동료의 중요성을 일깨워주도록 했다.

■국내외 전지훈련 및 국제대회 참가

▶ 히딩크 감독 취임 이후 32차례 A매치 경기(국가간 경기)를 치렀다. 이 경기 횟수는 1986년 멕시코월드컵부터 1998년 프랑스월드컵을 앞두고 치렀던 평가전 횟수와는 비교도 안 될 정도로 많다.

이들 경기 중 20차례 경기는 세계 강호들과의 경기였다.

그 주요 대전국으로 모로코, 아랍에미레이트, 덴마크, 이란, 이집트, 멕시코, 호주, 나이지리아, 체코, 세네갈, 카메룬, 크로아티아, 미국, 쿠바, 코스타리카, 캐나다, 우루과이, 튀니지, 핀란드, 터키, 중국, 스코틀랜드, 잉글랜드, 프랑스 등이었다.

A매치 경기 결과는 11승 11무 10패를 기록했다. (체계적인 교육훈련)

▶ 그는 개인기가 뛰어난 선수, 공격수, 미들필더, 수비수 등을 차별화하여 그들이 최대한 능력을 발휘할 수 있는 훈련을 실시했고, 선수 개개인에 맞는 포지션을 찾는 노력과 그들의 개성과 능력은 물론, 포지션에 어울리는 다양한 훈련방법을 개발하여 팀의 역

량을 끌어올리는 훈련을 했다.(서번트 리더십)

▶ 2001년 2월 오만 전지훈련시 히딩크 감독은 자신의 파일에 전지훈련에서 실시한 선수들의 체력 테스트 결과를 꼼꼼히 챙겨넣었다. 여기에 그는 선수들의 출전시간, 슈팅과 패스미스 횟수, 교체시간, 그리고 선수들의 플레이를 보고 난 소감까지 메모해 넣었다. 이 파일을 통해 그는 끊임없이 선수들을 연구하고 선수들의 단점과 약점을 개선시키는 데 골몰했고 일대일 면담을 통해 그 처방까지도 구체적으로 제시했다.(서번트 리더십)

▶ 2001년 12월 1일 월드컵 조추첨이 끝난 뒤 기자회견에서 히딩크 감독은 "상대팀에 대한 충분한 정보를 얻고 분석하기 위해 내년에 직접 3개국(폴란드, 미국, 포르투갈)을 방문하겠다"고 말했다.(현장중시경영)

체계적인 교육훈련 사례 1

세계 유수 반도체업체인 미국 텍사스 인스트루먼트사는 직원들로부터 "잠재력을 개발하기 위한 기회를 얻을 수 있는 곳"이라고 평가받는다.

회사는 기업 경쟁력은 곧 유능한 인력에 있다고 판단, 우수인재를 확보하고 묶어두려는 전략에 있다고 한다. 그 전략의 밑바탕엔 '유능한 직원들은 유능한 직원들끼리 어울린다'는 단순하지만 명확한 인력정책 원칙이 깔려 있다.

회사는 유능한 인재를 구하고, 유능한 인재가 이적하지 않도록 하기 위해 가장 우선적으로 취한 조치는 리더들의 인식을 바꿔놓는 일이었다. 직장을 떠나는 이유는 금전적인 문제도 있지만 유능한 리더가 없는 탓이라는 답을 찾아낸 것이다.

그래서 회사는 인력자원 부서가 가지고 있던 인력채용과 교육 권한을 매니저 등 실무 리더들에게 적극적으로 이양했다. "톱 텐 아웃플로(Top 10-Outflow) 정책"이라는 정글의 법칙을 도입했다. 직원들 중 상위 10%와 하위 10%를 철저히 구별하는 정책이다. 예컨대 '톱 텐'에게는 '바텀 텐'보다 더 많은 시간을 할애해 리더십 교육을 시켜주고 있다. 바텀 텐은 지원 규모와 인센티브도 적다. 교육성과가 낮으면 냉엄하게 해고한다.

회사가 리더에게 부여한 또 하나의 의무는 부하 직원들이 신바람 나게 일할 수 있는 환경을 만들어주는 일이다. 일반 직원과 보스와의 사이에 문제가 발생할 경우 아랫사람에게 언로를 열어주는 오픈도어 정책으로 불리는 방법이다.

회사의 이 같은 인사정책은 "일하기 좋은 훌륭한 일터에는 유능한 리더가 북적거리고 직원들에 대한 배려와 보상도 크다"는 경영철학에서도 선명히 읽을 수 있다.

체계적인 교육훈련 사례 2

국내 엔지니어링산업의 선두주자인 한국전력기술주식회사

(KOPEC)는 기존 지식의 재충전과 새로운 전문지식의 습득을 통한 직원의 자기계발은 물론, 회사의 발전에도 기여한다는 취지로 1983년부터 한기기술대학(원) 과정을 사내에 개설하고 있다.

학위과정으로 석사대우과정과 학사대우과정을 운영하고 있으며, 교수진은 국내 유수대학의 현직 교수 및 연구원으로 구성되어 있다.

2002년 7월 현재 석사대우과정 수료자 558명(53명 외부업체 직원 포함)과 학사대우과정 수료자 25명을 각각 배출했다.

체계적인 교육훈련 사례 3

맥도날드 햄버거 대학은 각 체인점들이 동일한 영업전략을 취했음에도 경영성과의 차이가 크자, 무언가 개선의 여지가 있다는 판단에 따라 1961년에 전 회장인 프레드 터너가 설립했다.

미국 시카고 교외에는 맥도날드 교육시설이 있다. 이곳엔 레스토랑 경영에서부터 경영개발 프로그램에 이르기까지 모두 9개의 교과과정이 개설돼 있다. 이들 과정 중 핵심과정은 고급경영자 코스다.

매 기수당 200명 내외의 맥도날드 경영자들이 6~8명 한 조를 이루어 2주간 합숙교육을 받는다. 매년 15회에 걸쳐 3,000명의 학생을 대상으로 매장운영, 인사관리, 품질관리, 장비관리, 고객서비스 및 경영기술 등 햄버거와 관련된 모든 것에 대한 전문교육이 이루어진다.

이 과정 이수자들에게는 햄버거대학 학위증과 미국교육협회에서 18시간의 수업을 받은 것으로 학점을 인정해준다.

현재 시카고 외에 시드니, 뮌헨, 런던, 홍콩, 상파울로, 동경 등 6개 도시에 대학이 위치하고 있다.

체계적인 교육훈련 사례 4

삼성그룹은 인재전략 사장단 워크숍을 통해 현재 1만 1천 명 규모의 석·박사 인력을 2002년부터 1,000명씩 선발해 2010년까지 2만 명 수준으로 늘리기로 했다.

특히 삼성은 한해 350여 명 정도였던 외국 연수자를 3배 많은 천 명 수준까지 확대할 계획이다. 연수자들은 지역 전문가, 경영학 석박사, 직능연수 코스 중 하나를 선택해 업무 부담없이 개인 역량 향상에 전념할 수 있다.

서번트 리더십 사례

AT&T는 한때 1만 명의 인원을 감축하는 절박한 상황에서 '기업사정으로 감축하지만 너무나 소중한 인재입니다. 이들의 채용에 관심있는 기업은 연락 바랍니다'란 광고를 대대적으로 내보냈다.

떠나는 자들의 자존심을 상하지 않게 하려는 회사의 배려와 노력하는 경영진의 모습을 읽을 수 있다.

1980년대 스칸디나비아 항공(SAS)은 엄청난 적자에 허덕이고 있었다. 이러한 상황에서 38세의 사장 안 칼존(Jan Carzon)이 사장으로 취임하게 된다.

그는 비즈니스맨을 주고객으로 목표를 정하고 그들이 잘 이용할 수 있도록 항공료와 항공노선 등을 바꾸었다.

그는 또한 관리자가 갖고 있는 모든 권한과 책임 그리고 경영자가 갖고 있는 업무의 의사결정 시스템 등을 모두 백지로 만들었다. 그리고 일선 고객과 접점하는 서비스 요원이 모든 권한과 책임을 다 갖도록 했다.

그는 회사의 두꺼운 규정을 단 한 장, 한 페이지, 한 줄의 표기로 바꾸어버렸다. 그 내용은 "여러분들이 서비스를 할 때 자신이 옳다고 판단되는 서비스는 자신이 알아서 하십시오"이다.

그의 이러한 일련의 정책으로 SAS는 1년도 채 되지 않아 흑자 항공사로 돌아섰다.

LG생활건강 조명재 사장은 한 달에 3~4차례 현장을 뛴다. "아무리 제품과 브랜드가 높아도 현장에서 실패하면 승리할 수 없다"는 게 조 사장의 지론이다.

현대석유화학은 2001년 말 영업 및 재경 담당만 빼고 전직원을 충남 대산단지 내 공장으로 옮겼다.

대산단지 내 삼성종합화학도 2001년 4월 영업 · 수출 · 구매 · 기획 분야 등과 대덕연구소를 모두 공장으로 옮겼다.

신속한 배달에 의한 고객 서비스 강화를 목표로 삼고 있는 PSS사는 고객과 접점에서 일하는 일선 현장구성원들에게 의사결정 권한을 위임하고 있다. 의료기기를 운전하는 운전사의 명함을 보면 CEO라고 적혀 있는데, 이는 PSS사가 추구하는 가치를 잘 보여준다. 사장 Kelly는 구성원들에게 "당신이 고객과 만나면, 당신이 사장이다"라고 말하면서 현장의 구성원들이 책임감을 가지고 업무를 수행할 수 있도록 격려하고 있다.

■페널티킥 실축을 현실로 인정(실패를 인정하는 경영)

히딩크 감독은 이을용이 미국전에서 페널티킥을 실수하자 "실수도 축구의 일부분이다"고 말했다.

"아무 일도 하지 않는 것보다 무엇이든지 하고 실패하는 것이

낫다"라는 말은 실패를 용인하고 창의성을 중시하는 3M의 기업문화를 단적으로 나타낸다.

3M은 회사설립 후 100여 년 동안 6만여 종의 신제품을 발표하고 있으며 신제품의 매출 비중을 중요한 관리지표의 하나로 활용하고 있다. '15% 법칙'은 이러한 기업문화가 실천되고 유지되는 것을 보여준다. 즉, 회사 임직원이면 누구든지 근무시간의 15%를 회사 어디든지 자유롭게 돌아다니며 담당사업의 영역과 상관없이 회사가 부여한 책임 외의 연구활동에 할애할 수 있다. 특히 중요한 것은 사장을 포함한 경영진은 사무실을 돌아다니며 흥미로운 연구를 하는 직원을 격려하고 반드시 "실패해도 괜찮다"는 말을 전한다는 점이다.

그리고 실제로 아무것도 하지 않은 직원보다 실패한 직원이 인사고과에서 더 높은 점수를 받는다. 현재 우리가 유용하게 사용하고 있는 스카치테이프나 포스트잇 등은 바로 이러한 기업문화가 만들어낸 산출물이다.

■놀이식 훈련과 히딩크는 분위기 메이커(유머경영)

▶ '핸드볼'은 조직력 배양을 목적으로 하는 훈련이다. 발로 하는 축구와는 달리 손으로 동료에게 토스를 하는 훈련방법으로 동료들의 움직임을 재빨리 파악하게 되어 팀 플레이에 눈을 뜨게 한다.

▶ '3대3 축구'는 조직력 강화를 목적으로 하는 훈련이다. 좁은 지역에 골대 3개를 삼각형 모양으로 배치하여 3개 팀으로 나눠 하는 훈련방법으로 좁은 지역에서의 순간적인 돌파를 하는 데 도움이 된다.

▶ '족구'는 논스톱 패스, 볼트래핑, 집중력을 목적으로 하는 훈련이다. 일반 족구와는 달리 1회 바운드만을 인정한다.

▶ 슈팅 연습도중 한 선수가 공을 어이없게 띄워주자 "센터링을 너무 높게 하면 추워서 공이 얼어붙는다"하며 분위기를 띄웠다.

▶ 기술분석관의 키가 197cm로 몸에 맞는 옷이 없자, "그 친구는 목성에서 와서 신체가 비정상적이다"라는 히딩크의 말에 모두들 폭소를 자아냈다.

▶ 박지성이 중거리 연습을 하던 중 히딩크 감독의 등을 딱 맞혔다. 평소 목발로 장난치기를 좋아하던 히딩크 감독은 곧바로 박지성을 향해 목발을 던졌고 그라운드는 웃음바다로 변했다.

▶ 대표팀 스태프 사이에서 그는 '쇼맨'으로 불리고, 선수들 사이에서는 '할아버지'로 불린다. 그는 단체일 때는 괴팍하게 굴지만 개인적으로는 나긋나긋한 목소리로 다정하게 대한다.

사우스웨스트 항공사는 지난 24년 동안 매년 이익을 낸 미국의 유일한 주요 항공사이며 가장 일하고 싶은 100대 미국 기업에 올라 있다.

1995년 사우스웨스트 CEO인 허브 켈러허는 "우리는 업무영역과 상관없이 특정한 유형의 사람을 찾고 있다. 우리는 훌륭한 유머감각을 갖고 있는 사람 그리고 덤으로 일하는 것에 관심이 있으며 개인적 성취보다 팀 결과에서 즐거움을 찾는 사람을 원한다. 우리가 원하는 유형의 사람과 함께 시작할 수 있다면 우리가 바라는 문화에 준비된 인력을 구축할 수 있을 것"이라고 말한다.

업무지식이나 기술은 교육을 통해 획득할 수 있지만 몸에 배어 있는 태도는 쉽게 바꿀 수 없다고 생각하기 때문이다. 그는 "우리는 직원들이 만족하고 행복하길 원한다. 그리고 관리자들은, 우리가 직원들을 자랑스러워하고 있으며 직원 개개인을 모두 배려하고 그들에게 관심을 갖고 있다는 것을 행동으로 보여주길 바란다"고 했다.

실제로 그는 토끼복장으로 비행기 내 통로를 걸어다닌다든가 직원 생일과 같은 기념일에 파티를 열고 함께 어울려 자주 술을 마시는 등 재미있는 직장 분위기 형성에 함께 한다. 이 항공사는 배꼽잡는 기내 방송을 한다. "담배 피우실 분은 날개 위에 앉아 마음껏 흡연해주시기 바랍니다. 오늘 흡연을 하면서 감상하실 영화는 '바람과 함께 사라지다' 입니다"라는 식이다. 이러한 '유머경영' 덕분에 9·11테러 이후 대부분 항공사가 침체에 빠졌을 때도 4,000명의 인력을 신규 채용할 수 있었다.

"기업경영의 유연성이 확대되면서 '일하기 재미있는' 기업 만들기가 새로운 경향으로 발전하고 있다. 유머경영이란 관료적이고 딱딱한 조직보다는 재미있게 일하는 조직의 생산성이 높기 때문에 나타나고 있는 경영기법이다."

유머경영 사례 2

구자홍 LG전자 부회장은 "일을 엔터테인먼트(Entertainment)처럼 할 수 있는 조직이 아니면 인재들이 외면한다"고 강조한다. 그는 이미 지난 수년간 '즐거운 조직'을 만드는 데 앞장서왔다. 지난 1999년 디지털 시대의 경영환경에 걸맞은 경영 시스템과 기업문화를 갖춰 디지털 리더로 도약한다는 새로운 기업 비전으로 '디지털LG'를 선포하면서부터다.

그래서 사내 전산망에 재미있는 글을 올리라고 주문하고 직접 댄스게임인 DDR을 하기도 한다. 신입사원들은 출근 첫날 환호성과 함께 업무를 시작한다. 동료들이 입사자의 PC와 전화, 사무용품 일체를 미리 준비해주는 덕분이다. 동료들과 인사를 마치고 PC를 켜면 구자홍 부회장의 '입사축하 메일'이 뜬다. 이러한 일련의 과정이 '신규입사 캐어링 프로그램'이다.

LG전자 구미공장은 임직원들에게 무작위로 E메일을 보내 "팀 전원이 영화보기", "누구누구 과장 세 번 웃기기" 등 미션을 주고 그 결과를 보고서로 내도록 한다.

뱅크 오브 아메리카의 경우 입사시험 때 응시자에게 면접관을 웃겨보라는 요구를 하거나 최근에 남을 웃겨본 적이 있는지 등을 물어서 점수에 반영하고 있다. 기존 직원들도 동료를 웃기거나 즐겁게 해주었을 때는 회사에서 책이나 티셔츠 등 선물을 주는 제도를 운영하고 있어 밝은 직장 분위기 조성에 회사가 적극 나서고 있다.

담철곤 동양제과 대표는 "직원들이 회사에 오고 싶어 미치도록 만들자"고 항상 주장한다. 1주일 중 가장 일하기 싫은 수요일을 맵시데이로 정해 직원들이 요란한 복장으로 잔뜩 멋을 내고 출근토록 하고 있다.

(주)태평양은 회의실에 몰디브, 타히티, 피지 등 유명 휴양지 이름을 붙여놓고 딱딱한 회의 분위기를 밝게 하고 있다. 회의시간이 오면 '타이티에서 봅시다' 등으로 직원들을 모은다. 이러

한 발상으로 분위기를 바꾸니 회의도 부드러워지고 아이디어도 잘 나온다고 직원들은 전한다.

■ 경기결과에 따른 보너스 지급 (성과에 따른 인센티브 제도)

▶ 2002년 2월 대한축구협회는 북중미골드컵 4강에 오른 대표팀을 격려하기 위해 선수단에 15만 달러를 지급했다.

▶ 월드컵 성적에 따라 감독, 코칭스태프 및 선수에게 보너스를 지급하기로 했다.

▶ 4강 진출 보너스 내역(90.8억 + α)
- 히딩크 감독　　　　　　85만 달러(10억 9천만원)
- 핌 베어백 수석코치　　15만 달러(1억 9천만원)
- 한국인 코치(3명)　　　3억×3명(9억원)
- 선수(23명)　　　　　　3억×23명(69억원)

─ 성과에 따른 인센티브 제도 사례 1 ─

Cisco Systems나 Dell Computer, Double Click, Suppliers Network와 같은 기업들은 1년에 3~4차례 성과급을 지급하고 있다. 이들 회사는 종업원들에게 자신의 성과에 따라 보상받고 있으며, 더 많은 보상을 받기 위해서라도 보다 더 일에 몰입하는 것이 필요하다는 시그널을 주고 있는 것이다.

성과에 따른 인센티브 제도 사례 2

삼성전자는 고정급 보수체계로는 임직원들의 창의성을 높이는 데 한계가 있다는 사실을 절감하고 굳은 조직을 유연한 조직으로 바꾸기 위해 성과에 따라 보상을 달리하는 제도를 도입했다.

1년 동안 경영실적을 평가해 당초 목표로 잡은 이익을 초과 달성했을 경우 결산이 끝난 후 연 1회 초과분의 20%를 임직원들에게 나누어주는 제도인 이익배분제(PS: Profit Sharing)와 생산성 격려금(PI: Productivity Incentive)을 1992년에 도입했다.

2. 생산전략

경기력을 향상시킬 수 있는 전술훈련과 훈련장 마련 등에 대한 계획이다.

■ 환경변화에 따라 다양하고 창조적인 역할을 수행할 수 있는 멀티플레이어 전술훈련

(생각하는 축구, Hiddink → He Thinks, 전략적 경영)

▶ 히딩크 감독은 "선수들이 90분 동안 게임을 주도하고 통제하며 상황변화에 따라 적절하게 대처해야 한다"며 "수비는 볼을 가진 선수는 물론이고 그 주위에서 움직이는 상대 선수들까지 볼 수 있어야 효과적인 수비를 할 수 있다"고 하면서 선수 스스로가 생각하는 플레이를 하도록 주문했다.

▶ 그는 "골을 넣는 것보다 기회를 만들어내는 생각이 중요하다"며 "모든 패스는 득점과 연결해서 생각하라"고 주문했다.

▶ 2001년 11월 월드컵 조추첨에 앞서 대표팀 운영계획을 밝힌 자리에서 히딩크 감독이 말한 한국팀 전술은 "포메이션은 상대방 전술에 따라 다양하게 변화시키는 것이 기본이다"며 "옛날식의 플레이메이커는 기용하지 않을 생각이다. 빠르고 창의적인 선수는 누구나 플레이메이커"라고 말했다.

<hr>

전략적 경영 사례 1

영국 런던에서 벨기에 브뤼셀까지 편도요금을 겨우 1페니(19원) 가격으로 제시한 항공회사가 있다. 정상가격 19만5천 원의 1만분의 1에 해당된다. 신흥 항공회사인 아일랜드의 라이언에어(RYANAIR)는 전 좌석을 이코노미로 통일하고 기내식을 없애는 등 비용삭감정책을 도입, 저가격을 실현하는 데 성공했다. 이 항공사가 이용하는 공항은 런던 중심부에서 약 70km 떨어져 있다. 이런 소형 공항은 공항 이용료가 싸고 '지역발전'에 이바지한다는 이유로 지방자치단체로부터 보조금 지원도 받는다. 기내식이 없기 때문에 청소하는 시간도 길지 않다. 이 때문에 공항에 머무는 시간도 20분으로, 다른 항공사의 절반에 불과하다.

결과적으로 비행기 사용횟수도 높아져 1일 평균 12시간 정도 비행할 수 있게 됐다. 기존 항공사에 비해 1.5배 이상 긴 비행시

간이다. 공항과 비행기를 연결하는 탑승다리도 유료라는 이유
로 사용하지 않는다. 탑승권 대신 번호표를 나눠주고 탑승시 수
거해 재활용하기도 한다. 예매는 인터넷으로만 가능하고 예매
에 따른 가격 변동제를 도입했다. 이런 적극적인 노력으로 1회
운영에 드는 비용이 25% 정도 싸졌다.

"전략적 경영이란 단순한 이윤추구가 아닌 장기적인 이윤 극대화를
추구하는 경영기법이다."

── 전략적 경영 사례 2 ──

미국 AT&T는 통신업체다. 1983년까지 시외전화 시장을 독점
하고 있었으나, 1984년부터 통신시장이 개방되어 경쟁체제에
돌입하게 되었다. 새로이 진출한 업체에서 '가격파괴' 전략을
들고 나와 많은 AT&T의 고객을 잃게 되었다.

회사는 수익에 크게 도움이 안 되는 고객은 포기하고 통화료
를 많이 내는, 즉 회사 수익에 기여하는 고객을 우대하는 차별
화 전략을 세웠다. 그 전략이 포인트 프로그램이다. 1달러 통화
에 15센트, 즉 15% 보상을 하지만, 한달에 200달러 이상의 통
화료를 내는 고객에게는 포인트 누적이 많으면 많을수록 큰 혜
택을 주는 전략이었다. 이렇게 하여 통화료를 많이 내는 고객을
지킬 수 있었다.

　도요타는 신형차를 만드는데 경쟁사 차와 비교해 저렴한 차 생산계획을 세웠다.

　자동차 헤드라이트에 불을 켜면 헤드라이트가 위로 올라오고 불을 끄면 내려가는 등의 불필요한 기능을 없앴다. 다음은 값싼 부품을 이용하는 것이었다. 이는 모든 차에서 쓰고 있는 부품을 가져다 썼다. 다만 도요타가 자체 개발한 부품은 뒷바퀴 서스펜션(자동차 자체무게를 받쳐주는 장치)뿐이었다.

　이렇게 하여 생산한 자동차 가격은 1,600CC급의 경쟁차종이 164만 엔인 데 반해, 2,000CC 엔진을 장착하고도 160만 엔이 채 안 돼 경쟁력을 회복할 수 있었다.

　평안도 용강군 유 진사댁에 올꾼이란 별명을 가진 김씨 성의 머슴이 있었다.

　하루는 유 진사가 올꾼에게 "오늘 네가 강서에 다녀와야 할 일이 생겼다"고 했다. 집에서 강서까지는 100리 정도 거리였다. 유 진사는 강서에 있는 친구에게 편지를 썼다. 편지를 다 쓰고 나서 심부름을 시키려고 머슴을 찾아보니 머슴이 보이지 않았다.

　저녁이 되어 머슴이 숨이 차서 돌아왔다. 유 진사가 화가 나서 "너 어디 갔다 이제 오느냐"고 물었다. 머슴은 "주인님 말씀대로 강서에 다녀오는 길이라"고 대답했다. 유 진사는 어처구니가 없었다. 그후 생각이 부족한 사람을 올꾼이라고 칭하게 되었고 목적없이 왔다갔다하는 것을 "용강 올꾼이 강서 갔다오듯한다"는 속담이 되었다고 한다.

■ 빠른 스피드를 이용한 축구 (스피드경영)

▶ 히딩크 감독은 "현대 축구의 가장 중요한 밑바탕은 스피드다. 스피드가 없는 선수는 아주 탁월한 다른 능력을 가져야 한다"고 말했다. 그의 선수 선발 기준은 빠른 스피드와 공수 가담 능력에 있었다.

▶ 그는 2002년 한·일월드컵축구의 흐름을 예견하고 한국팀에게 빠른 스피드를 이용한 플레이를 주문했다.

이를 증명이나 하듯 이번 대회에서 빠른 스피드를 이용한 팀들인 한국을 비롯한 미국, 세네갈, 터키 등이 돌풍을 일으켰다.

▶ 그는 또한 한국 선수들이 경기중 숏 패스를 선호하다 실수를 자주 범하는 경향을 알고 유럽 명문구단 선수와 같이 한두 번의 패스로 최전방 공격수에게 연결하여 상대의 문전을 위협하는 롱패스를 주문했다.

예술의 전당에서 런던 필 하모니 오케스트라 내한 첫 공연이 쿠르트 마주어(74세) 지휘하에 2001년 10월 24일에 있었다. 그는 그날 연주를 간신히 마치고 병원으로 실려갔다. 다음날 공연은 불가능하다는 의사의 진단이 내려졌다. 그때가 밤 11시. 예술의 전당과 런던 필 관계자들은 긴급회의를 갖고, 마주어 수준의 정상급 지휘자를 어떻게든 찾아내 공연하자는 데 합의했다. 밤 11시 30분 전세계로 지휘자 찾기가 시작됐다.

수소문 결과 볼프강 자발리쉬와 유리 테미르카노프가 일본 순회 공연 중이며, 테미르카노프가 25일 딱 하루 공연이 없다는 사실이 확인됐다.

후쿠오카에서 한밤중에 전화를 받은 테미르카노프(러시아 상트페테부르크 필 수석지휘자)는 흔쾌히 SOS에 응했다. 그의 일본 투어를 주최한 재팬아트에서 처음엔 반대하고 나섰으나 어렵사리 허락이 떨어졌다. 새벽 2시였다.

이때부터 레퍼토리 협의에 들어갔다. 차이코프스키 바이올린 협주곡은 런던 필과 예술의 전당측 판단에 따라 차이코프스키 교향곡 4번으로 바꾸기로 결정했다. 그때가 새벽 3시. 테미르카노프의 입국비자가 없어 정부와 후쿠오카 총영사관에 비상협조로 초특급으로 비자가 떨어져 9시 30분에 비행기를 탈 수 있었다.

그가 도착했으나 악보와 연주복, 구두까지 다음 방문지로 부쳐버린 관계로 급히 이 모든 것을 구해야 했다. 우여곡절 끝에

런던 필은 오후 3시부터 새 레퍼토리로 리허설을 하고 성공적
으로 저녁공연을 마쳤다.

"스피드 경영이란 소비자 욕구를 빠른 시일 내에 파악하여 신상품
을 적기에 출시하고 잘못된 부분이 없는지를 수시로 점검하는 경영기
법이다."

스피드경영 사례 2

세계 2위의 여행업체 로젠블러드(Rosenbluth) 인터내셔널은 전
세계 여행업체를 네트워크로 연결하여 급성장한 업체의 대표적
사례다.

이 회사는 1980년대 말 세계화를 추진하면서 인수나 투자 등
비용과 시간이 많이 드는 전통적인 방법에 의존하지 않고 로젠
블러드 국제동맹(RIA)이라는 네트워크 구조를 동원했다.

지역 여행사들과 파트너십을 맺어 전세계 고객들의 요구에
신속히 대응할 수 있는 체제를 구축한 것이다. 각 지역 파트너
들이 갖고 있는 전문성을 활용하여 지역 특성에 맞는 전문성 아
이디어를 공유함으로써 서로 시너지 효과를 얻었다.

스피드경영 사례 3

세계적인 군수업체 맥도널 더글러스사의 자회사 에어로테크
서비스는 가상공장으로 효율성을 극대화한 모범 케이스다. 맥

도널 더글러스사는 협력업체들로부터 부품들을 공급받아 최종 제품을 조립하는 업체다. 수천 개 부품업체 중 최적의 업체들을 신속히 선정, 견적서를 작성하고 제품을 공급받는 일이 성패의 주요인이다. 에어로테크는 프로젝트에 따라 경쟁력 있는 부품업체들을 선정해 네트워크를 짜는 임무를 맡고 있으며, 부품업체들간 호환 가능한 정보 시스템을 구축해주는 정보중개자의 역할이 핵심 기능이다.

이를 통해 거리와 관계없이 기업들이 유기적으로 협력할 수 있도록 가상공장을 구축한 것이다. 해당 프로젝트가 끝나면 이 가상공장은 해체되고 새로운 프로젝트에 맞는 네트워크가 다시 짜여진다.

■ "지지 않는 경기"에서 "이길 수 있는 경기"로의 공격적인 전술 (가치창조)

▶ 히딩크 감독은 상대 공격수가 압박하고 들어올 때, 수비수는 공을 살려 꼭 우리편에게 연결하려고 하지 말고, 필요시 사이드 라인 밖으로 공을 걷어내도록 했다. 이는 우리 수비가 수비진영을 갖출 수 있는 시간을 벌 수 있고, 수비수의 결정적인 실수가 곧 실점으로 이어지는 것을 방지하기 위함이다.

▶ 수비수는 상대의 공격에서 공을 가로챘을 경우 빠른 역습만을 생각하여 성급한 패스를 하지 말고 공격진과 의사소통을 한 뒤 공격을 하도록 했다. 이는 우리의 무모한 공격이 상대에게 재역습의 기회로 이어지는 것을 방지하기 위함이다.

▶ 공격시나 수비시에 우리 선수의 비워진 공간을 재빠르게 채워라. 일명 커버플레이다. 우리 선수가 공을 잡았을 경우에는 그 주변의 선수들은 항상 공받을 준비를 하라고 주문했다.

우리 최전방 공격수가 2선으로 빠지면 2선의 선수가 최전방 공격수 자리로 달려 들어가고 달려 들어가는 선수의 앞 공간으로 공을 찔러넣어 쉽게 득점의 찬스를 만들기 위함이다.

가치창조 사례 1

1987년 미국 시장에서 네슬러, 프록터앤갬블, 제너럴푸즈 등과 같은 커피 제조업체들은 스타벅스가 처음 생길 때만 해도 눈 한번 깜박하지 않았다. 그 당시 그들은 미국 시장의 90% 이상을 점유하고 있었다.

그들은 아프리카 커피농장에서 생산되는 저렴한 원두로 분말커피나 캔커피를 주로 생산했다. 그들의 커피 맛은 거의 비슷하여 서로간 가격경쟁으로 치열한 다툼을 벌이고 있었다.

그래서 그들은 브라질 국민 한 사람이 1년에 마시는 커피(4.5kg)의 가격이 스타벅스 커피 한 잔 값(2~4달러)밖에 안 된다는 사실에 주목하지 않았던 것이다.

하지만 하워드 슐츠는 커피가 생필품이라는 고정관념과 관행을 거부했다. 그에게 커피 산업은 고급 품질의 커피와 로맨틱한 분위기를 전달하는 문화사업이었다.

네슬러, 프록터앤갬블, 제너럴푸즈 등이 1년 내내 커피를 팔 동안 스타벅스는 몇 잔만 팔면 그만큼의 이윤을 남길 수 있다. 영업실적이 곤두박질치기 시작한 뒤에야 그들은 스타벅스의 존재를 의식했지만 이미 때는 늦었다.

가치창조 사례 2

주방기기 판매업자인 레이크록은 패스트 푸드를 파는 맥도날드 형제의 성공에 주목했다. 그는 맥도날드 매장을 방문할 때마다 햄버거를 사기 위해 줄서서 기다리지 않는 점에 매료되었다.

1954년에 레이크록은 맥도날드 형제로부터 햄버거의 독점판매권을 270만 달러에 샀고, 1961년에 전세계 판매권도 사들였다.

맥도날드는 이렇게 해서 다국적 기업의 역사를 쓰게 되었다.

■ 경쟁력을 높일 수 있는 분야 집중 육성 (핵심역량 강화)

히딩크 감독은 조직력을 이용한 세트플레이 훈련에 집중했다. 안정환, 이천수, 이을용, 현영민, 이영표 등을 전문 프리커로 집중

육성하여, 한·일월드컵 경기에서 한국팀이 얻은 8골 가운데 4골을 세트플레이로 뽑아냈다.

핵심역량 강화 사례

미국 발전소 관리회사 AES는 발전소 건설을 위한 자금조달 조건이 각 단위 발전소의 향후 수익성에 매우 중요한 역할을 함에도 불구하고, 별도의 전문가 조직을 두지 않고 현장에서 모든 의사결정을 하도록 하는 정책을 채택하고 있다.

경험이 없는 조직원들이 상당한 부담을 느끼지만 이를 완수하는 과정에서 어떤 일이라도 할 수 있다는 자신감을 얻게 되고 결과적으로 더 많은 발전소 건설 및 경영에 나서게 하는 밑거름이 되고 있다. 실제로 이 기업은 미국뿐 아니라 남미, 유럽, 중국 등 여러 국가에까지 진출하여 놀라운 성장세를 기록하고 있다.

성공 경험으로 충만한 조직원들의 존재 자체가 이 기업의 성장을 위한 핵심역량으로 작용하고 있는 것이다.

"핵심역량이란 어떤 기업이 보유하고 있는 내부의 특유한 능력으로, 다른 기업들과의 차별화를 통해 경쟁력 우위를 유지할 뿐만 아니라 기업의 결정적 성공요인이 되는 일종의 힘이다. 일반적으로 자사의 상품이나 서비스에 대한 Know-How가 경쟁자에 비하여 상대적으로 우수할 때 생긴다."

■선수들에게 볼을 독점하지 말고 순간순간 최적의 볼 배분 주문 (정보공유, 지식경영)

지식경영 사례 1

미국 부크먼 레보러터리스(Buckman Laboratories)사는 화학 관련 제품 및 서비스를 제공하는 기업이다.

이 회사는 사업성장에 따라 전세계 고객의 다양한 요구에 즉각 대응하기 위해 전지역 종업원들이 보유한 지식을 효과적으로 활용하기 위한 지식공유 시스템의 필요성이 증가하게 되었다. 전세계 종업원들이 언제, 어디서든지 지식공유 시스템에 접근할 수 있도록 24시간 시스템을 개방하고, 컴맹도 쉽게 사용할 수 있도록 하고 정보를 축적하는 과정에서도 모든 사람이 시스템에 정보를 작성하여 입력할 수 있는 권리를 보장했다.

또한 여러 지역의 종업원들이 원활히 활용할 수 있도록 각자의 모국어로 시스템이 지원되도록 배려했다.

이 회사는 이러한 효과적인 지식공유를 통해 고객의 요구사항에 신속하게 대응할 수 있게 됐다.

"지식경영이란 조직과 구성원의 지식을 기업의 자산으로 인식하여 조직 내부의 보편적인 지식을 공유하고, 공유지식의 활용을 통해 조직 전체의 문제해결능력과 기업가치를 향상시키는 경영기법이다.

미래학자 피터 드러커는 정보중심의 조직구조에서 span of control(감독의 한계) 원칙은 span of communications(커뮤니케이션의 한계) 원칙으로 대체되어야 한다고 한다. 커뮤니케이션의 한계란 한 명의 상사에게 보고하는 부하 직원의 수는 오직 조직 내에서의 커뮤니케이션과 인간관계에 스스로 책임을 지고자 하는 부하 직원의 수에 의해서만 결정된다고 한다."

지식경영 사례 2

미국 독립선언문을 기초한 토머스 제퍼슨은 정보의 공유를 촛불에 비유해 "다른 사람에게 내 지식을 전해주더라도 내 지식은 조금도 줄어들지 않는다. 다른 사람이 내 초의 불꽃을 가져가도 내 초의 불꽃이 줄어들지 않는 것과 마찬가지다. 오히려 세상을 더 밝게 비출 수 있다"고 말했다.

지식경영 사례 3

현대인재개발원은 교육기관의 특성상, 끊임없이 새로운 지식을 개발하고 이를 체계적으로 관리하여 재활용할 수 있는 지식경영 시스템이 요구됨에 따라 1999년부터 지식경영을 도입했다.

조직 지식의 관리 및 창출능력 극대화를 위한 지식경영 시스템으로 HERB(Hyundai Educational Resources Bank)를 정립했다. HERB는 지식 경영활동과 업무처리를 위한 통합개념으로 의사소통, 업무처리, 전문지식, 컨설팅, 교무 및 과정운영 등 크게 다섯 부분으로 되어 있다.

개발원은 Web Plus사의 지식관리 시스템인 'Plus KMS'을 도입하여 인재개발원의 지식경영개념 체계인 HERB 환경에 맞게 변환하여 실제 지식경영 시스템을 구축했다. 각 지식별 Knowledge Specialist를 선정하여 해당 지식의 지적 수준을 높이고 있다.

■심리전과 용병술

▶ 히딩크 감독은 월드컵 개막 1개월 전에 폴란드와 유사한 세트 플레이를 펼치는 스코틀랜드와의 평가전에서 4 : 1 대승을 거두고, 이어 축구의 종가 잉글랜드와 세계 최강 프랑스와의 평가전에서 대등한 경기를 펼쳐 한국 축구가 유럽 축구에 대한 징크스에서 벗어나 자신감을 갖고 월드컵에 임하게 했다. (신뢰경영)

▶ 폴란드전을 하루 앞두고 히딩크 감독은 선수 개개인을 불러 체력강화 훈련결과를 자세히 설명하면서 유럽 명문구단의 선수들보다도 체력이 더 우수하다고 설명해줌으로써 선수들에게 유럽 선수와 몸싸움에서 오는 부담감을 덜어주었다. (신뢰경영)

▶ 결전을 앞둔 상대팀에 선수부상과 회복여부 등 전력노출을 피하면서 미국전에서 1 : 0으로 뒤지고 있는 후반에 공격수를 '황선

홍, 박지성'에서 '안정환, 최용수'로 교체 투입하여 안정환의 극적인 동점골을 뽑아냈다. (신뢰경영)

▶ 8강전인 이탈리아와의 경기에서 1 : 0으로 뒤지고 있는 후반에 수비수 '김태영, 김남일, 홍명보'를 공격수 '황선홍, 이천수, 차두리'로 교체 투입하여 공격력을 배가시켜 후반 막판 설기현의 동점골과 연장 후반에 안정환의 골든골로 감격적인 역전승을 이끌어냈다. (신뢰경영)

▶ 4강전을 앞두고 "스페인은 내 마음에 있다"고 말함으로써 상대팀을 꿰뚫고 있다는 자신감을 보임으로써 상대팀을 위축시키고 우리 선수들에게는 심리적인 안정감을 주었다. (신뢰경영)

▶ 4강전인 스페인과의 경기에서는 0 : 0으로 진행되던 후반에 수비수 '김남일, 유상철, 김태영'을 공격수 '이을용, 이천수, 황선홍'으로 교체 투입하여 맞대결로 한수 위 기량의 상대 공격을 효과적으로 차단했다. (신뢰경영)

▶ 강력한 어필(직원중심경영)
2002년 1월 28일 북중미골드컵 멕시코전에서 심판의 경기 운영이 매끄럽지 못한데다가 이을용이 상대 선수에게 복부를 가격당해 쓰러져 있는데도 심판이 경기를 진행시키자 히딩크 감독이 벤치의 볼을 경기장 안으로 차넣어 경기를 중단시켰다.

그는 곧바로 퇴장당했다. 다음 경기인 코스타리카전에서 그는 벤치에 앉지 못하고 관중석에서 선수들을 코치해야만 했다.

"눈만 뜨면 달려가서 일하고 싶은 회사." 미국 종합금융회사 시노버스 파이낸셜(Synovus Financial)의 종업원은 말한다. 이 회사가 직원들을 향한 관심은 사무실 곳곳에서 발견된다. 사무실 밖 경치를 앉은자리에서 감상할 수 있도록 자리배치를 한 것이나 직원을 부를 때 "멤버"라는 호칭을 사용하는 것 등은 작은 배려이지만 종업원들에게는 더없는 행복감을 안겨주고 있었다.

시노버스가 베푸는 작은 배려들의 뿌리는 사람중심, 직원중심의 경영철학과 관련 시스템을 구축하고 가동한 것은 1996년부터인데 대표적인 시스템은 PDE(People Development Exponent) 프로그램이다. 이 프로그램의 핵심은 커뮤니케이션을 통한 원활한 의사소통과 리더십 교육이다. 이 회사는 "직원을 단순한 고용자가 아닌 하나의 인격체로, 가족으로 대접하는 회사를 만드는 것이 목적이지, 미국에서 가장 일하기 좋은 회사로 선정되는 게 목적이 아니다"고 강조한다.

설립 후 114년 동안 한번도 대규모 해고를 단행한 적이 없다는 회사다.

세계 최대 정보통신업체인 시스코 시스템즈는 2001년에 5천 명이 넘는 직원을 내보냈다. 시스코는 해고 대상자들이 사회봉사기관 근무를 선택할 경우 1년 동안 시스코에서 받던 봉급의 3분의 1을 지급했다. 물론 경기가 호전될 경우 해고자들은 당연히 '재고용 0순위' 자격을 부여받았다.

시스코는 회사에 출근하면서도 아이를 걱정하는 종업원들을 위해 탁아시설을 제공했고 퇴근하면서 미진한 업무에 신경을 쓰는 종업원들을 위해서는 각 가정에 초고속 통신망을 설치해 줬다.

■과감한 투자(High Risk, High Return)

▶ 파주 국가대표 축구팀 트레이닝센터 건립

▶ 감독과 코칭스태프 및 대표팀 스태프의 파격적인 대우

▶ 선수들의 훈련비와 훈련에 관련된 직접경비 인상 등에 220억 원(트레이닝센터 건립비 130억 원 포함)을 투자하여 좋은 여건에서 선수들이 마음껏 기량을 펼칠 수 있도록 했다.

삼성전자는 초일류로 향한 승부욕을 휴대폰 사업에 걸었다. 1983년부터 시작한 휴대폰 사업은 10년이 넘게 고전했다. 국내에서조차 모토로라의 아성을 무너뜨릴 방법이 없었다.

1994년 이건희 회장은 "돈은 얼마든지 써도 좋으니 수단과 방법을 가리지 말고 모토로라 수준의 제품을 내놔라"는 특명을 내렸다.

그렇게 해서 나온 제품이 1995년에 시판한 애니콜이었다. 판매된 제품 중 불량품이 발견되어 전 제품을 새 제품으로 교환해 주었다. 그 수량이 15만 대인 150억 원에 달했다. 이런 과정 이후 2001년 휴대폰 매출은 7조 원에 1조2천억 원의 이익을 남겼다.

3. 마케팅 전략

대~한민국 국민에게 한국 대표팀이 만족을 줄 수 있는 계획이다.

■ 세계를 놀라게 하겠다 (고객중심경영)

2000년 12월 18일 서울에서 한국 대표팀 감독직 계약서에 서명한 히딩크 감독은 "세계를 깜짝 놀라게 하겠다"고 선언했다.

고객중심경영 사례 1

1925년 소매점을 기반으로 세계에서 가장 큰 유통회사로 성장한 미국 시어스로벅(Sears Roebuck)사의 중역회의 석상에는 전통적으로 항상 한 자리가 비어 있다. 이 빈 의자에는 어김없이 '고객(CUSTOMER)'이란 글자가 쓰여져 있다. 이것이 시어스로벅의 정신이다. 고객을 생각하는 회사, 고객을 위하는 회사 시어스로벅이 백화점으로 출발해 오늘날 종합물류의 최고 재벌로 부상한 비결은 바로 빈 의자에 있는 것이다.

시어스는 833개 체인점과 1,300개 백화점 점포, 별도의 자사 점포를 통해 미국 전역에서 가장 광범위하게 상품을 판매하고 있으며, 미국의 소비 시장에 막강한 영향력을 행사하고 있다.

"고객중심경영이란 기업의 제품개발에서부터 조달, 생산, 마케팅, 물류, 영업 그리고 마지막 A/S에 이르기까지 기업 내에서 이루어지는 모든 가치창출 활동이 고객중심으로 이루어지는 경영기법이다. 여기에서 고객의 정의는 내부 고객인 기업 내 종업원과 외부 고객인 자사의 제품을 구매하거나 구매할 의사가 있는 자를 말한다."

고객중심경영 사례 2

미국의 사우스웨스트 항공은 예약을 받지 않는 항공사다. 기내식도 별로 좋지 않고 외견상 승무원들의 서비스도 별다른 특징이 없다.

사우스웨스트는 단거리를 자주 여행하는 비즈니스맨들이 주요 고객이다. 시간관념이 철저한 이들은 고급 취향의 기내 서비스보다는 '정시출발-정시도착'과 저렴한 요금을 최고의 서비스로 여긴다. 번거로운 예약 절차없이 불시에 공항에 달려가도 항공기를 이용할 수 있다면 더욱 좋다.

이 항공사는 핵심 비즈니스 도시들을 자주 운항하면서 이같은 수요를 충족시킬 수 있었다. 이 항공사가 이와 같은 영업전략을 구사할 수 있었던 것은 공식적인 마케팅 조사가 아니라 매일매일 고객과의 관계를 유지하는 일에서 종업원의 의견을 적극 반영했기 때문이다.

비즈니스맨들은 신뢰성 있는 서비스를 가장 중요하게 생각하며 거점을 통하지 않고 짧은 거리를 직접 운항하는 것을 원한다는 그들의 취향을 이 항공사는 꿰뚫어보고 있었다.

그 결과 사우스웨스트는 고객들로부터 높은 수준의 충성도를 얻을 수 있게 됐다. 일반적으로 고객충성도가 5% 증가할 경우 업종에 따라 차이는 있으나 대략 25~85%의 수익증가를 가져옴을 알 수 있다.

■한국의 경기력을 세계 수준으로 끌어올리는 것이다
(고객중심경영, 윤리경영)

2001년 12월 1일 조추첨을 마친 뒤 기자회견에서 "16강은 자신있다. 우리는 원하는 것을 달성할 수 있다"며 강한 자신감을 나타냈다. 그는 또한 "팀이 정해졌기 때문에 훈련일정에 조금은 변화가 있을 수 있겠지만 월드컵에서 맞설 상대팀에만 맞춰 훈련하지는 않겠다"며 "궁극적인 목적은 한국의 경기력을 세계 수준으로 끌어올리는 것"이라고 설명했다.

Johnson & Johnson은 약품, 건강관리제품 및 개인 위생용품 등을 제조 · 판매하는 미국의 제약회사다. 이 회사는 1982년에 엄청난 위기를 겪었다. 어떤 정신병자가 청산가리를 일부 타이레놀(진통제) 캡슐에 집어넣었다. 이로 인해 8명이 사망했다. 사고가 회사의 과실이 아니라는 것이 밝혀졌음에도 불구하고 회사는 긴급대응책을 취했다.

회사 창고에 저장되어 있는 재고 물량과 미국 전역에 판매된 타이레놀 총 3,100만 병을 전량 회수해 소각 처분했다. 이 사고로 회사는 1억 달러를 지출했다. 나중에는 타이레놀 캡슐 제품을 모두 알약으로 교체했다. 이에 따른 비용에 수백만 달러가 추가로 들어갔다.

하지만 회사는 엄청난 손실을 입었지만 고객의 안전을 우선하는 진솔한 행동으로 소비자 신뢰라는 무형의 자산을 얻게 되었다.

"윤리경영이란 기업의 경제적 · 법적 책임 수행은 물론, 사회적 통념으로 기대되는 윤리적 책임의 수행까지도 기업의 기본적인 의무로 인정하고 주체적인 자세로 기업윤리 준수를 행동원칙으로 삼는 경영기법을 말한다. 즉, 기업의 윤리적 책임을 다함으로써 고객, 주주, 종업원, 경쟁자, 공급자, 정부, 지역사회 등 이해관계자들에게 신뢰를 얻을 수 있도록 기업경영을 하는 것이다. 여기서 간과하지 말아야 할 점은 윤리경영의 궁극적인 목표 역시 기업의 이윤 추구를 벗어나지 않아야 한다는 것이다. 윤리경영은 막연하게 기업이 도덕적이 되자는 개념이라기보다는 잘못된 관행이나 비용 구조를 윤리적인 기준에 맞도록 바로잡아 기업의 경쟁력을 향상하고 경제적 부가가치를 극대화하자는 맥락에서 받아들이는 것이 바람직할 것이다.

■월드컵 본선을 위한 절반의 준비 (투명경영, 고객중심경영)

2001년 12월 17일 감독취임 1년 결산 기자회견에서 "지난 1년간 월드컵 본선을 위한 절반의 준비를 마쳤다"며 "내년 5월이면 분명 지금보다 나은 모습을 확인하게 될 것"이라고 자신했다.

그는 "문제점과 시행착오도 겪었지만 한국 축구의 잠재력을 발견했고 한국 축구를 세계 수준으로 끌어올리기 위한 첫 과정을 순조롭게 마무리했다"며 "내가 한국에 온 뒤 선수들이 자신감을 갖고 있다"고 성과를 설명했다.

또 "앞으로 선수 개개인의 전술소화 능력과 정신력의 세세한 부분까지 가다듬을 계획"이라며 16강 진입을 위한 구체적인 훈련방향을 제시했다.

미국 애질런트 테크놀로지(Agilent Technologies)는 1999년 HP에서 분사된 정보통신 분야의 하이테크 기업이다. 이 회사의 최고경영자는 네드 반홀트는 10여 년 만에 찾아온 경기침체로 고객회사들이 죽을 쑤는 상황에서 예년의 영업실적을 유지하기 어려웠다.

그는 구조조정에 앞서 인원감축을 피하기 위해 어떤 노력을 하고 있는가를 숨김없이 공개했다. 회사는 전직원의 급여를 10% 삭감하기로 했다. 종업원들은 급여가 줄었음에도 희색이었다. 임금삭감이 해고를 회피하기 위한 수단으로 받아들였기 때문이다.

그러나 계약 취소 주문까지 받게 된 회사는 인원감축 이외에는 방법이 없었다. 반홀트 회장은 사내방송을 통해 해고의 불가피성을 설명했다. 나아가 중간관리자 3천 명을 미국 내 각 사업장으로 보내 일일이 의견을 청취하고 자초지종을 설명하도록 했다.

그는 모든 종업원에게 6개월 동안 1주일에 두 번씩 이메일을 보내 회사가 처해 있는 상황을 솔직담백하게 들려줬다. 구조조정이 시행된 후 3개월쯤 지나자 종업원들 사이에서는 "내가 회사를 떠나는 것이 회사를 위해 해줄 수 있는 마지막 선물"이라는 분위기가 널리 퍼져나갔다.

전통 장류 한 분야에만 매진해온 샘표식품은 전국 간장시장 점유율 50%를 유치하고 있는 견실한 중견기업이다.

박진선 사장은 창업 3세대이나, 그의 주위에서 '샘표식품은 가족회사'라는 평가를 할 때 가장 싫다고 말한다. 박 사장은, 회사 입사 전부터 재직하고 있던 친척인 홍보고문 한 사람을 제외하고는 지금까지 일가친척을 입사시키기 위한 인사청탁을 한 번도 한 적이 없기 때문이다.

그는 1997년 사장에 취임하면서 사장으로 있는 한 가족들이 회사경영에 참여하는 일은 없을 것이라고 공언했다. 그는 또한 경영을 투명하게 하기 위해선 사장부터 모범을 보이는 수밖에 없다고 잘라 말했다. 리더십은 지도자의 '솔선수범'에서 나온다는 얘기다.

그는 선친이 사용하던 차를 물려받아 1996년부터 타고 있다.

사장이 이러다 보니 샘표식품 46년사에 금품비리나 부정에 연루돼 회사를 그만둔 일이 없다. 노사가 만나 임금협상을 할 때에도 모든 경영실적을 투명하게 공개해 샘표식품의 노사간 '신뢰'는 두텁기만 하다.

그의 한 달 법인카드 비용은 채 100만 원도 되지 않는다. 지출경계가 모호하면 반드시 개인카드로 결제한다는 게 박사장의 철칙이다. 법인카드 사용에 대해 직급별 한도는 분명하게 하고 사용 후 사후관리도 철저히 해 회사 지출내역도 투명화시켰다.

사장 취임 이후 사외이사제도 도입은 사장으로서 투명경영에 대한 의지를 보여준다. 그의 투명경영은 영업, 자금, 구매 등 경영에만 국한되지 않는다. 고객에 대한 투명경영이 이루어져야 한다는 게 박 사장의 지론이다.

최근 샘표식품이 업계 최초로 장류 전부분에 HACCP(해썹) 인증을 받은 것도 이런 신념 때문이다. 원료, 제조, 가공, 유통 등 소비자의 식단에 오르기까지 전과정에서 식품위생과 안전성 확보를 위한 투자였다는 점에서 의미가 있다. "자신이 먹어보지 않는 음식물은 결코 팔지 않는다"는 창업정신을 그대로 계승하고 있는 셈이다.

그는 전산망 구축 등 사내 시스템 선진화와 마케팅, 유통라인 확충에 심혈을 기울여 '생산자 중심'이 아닌 '소비자 중심' 회사로 변모시키는 데 성공했다는 평가다.

투명경영 사례 3

대웅제약은 1973년에 상장한 제약회사로 2001년 순수의약품 업계 1위를 달리고 있는 기업이다. 윤재승 사장은 2세 경영인이다.

그는 시스템 신봉자다. 시스템을 잘 갖추면 장소에 구애받지 않고 회사 내부사정을 훤히 알 수 있다고 생각하기 때문이다. 그를 자유롭게 만든 것은 미국 SAP사 제품인 전사적 자원관리(ERP: Eeterprise Resource Planning) 시스템이다. ERP 시스템을 가동하면 비자금을 만들 수 없고, 투명경영으로 경영효율성을 높일 수 있다고 말한다. 이 회사는 제약업계 최초로 ERP 시스템을 도입했다. 그는 시스템 도입을 위해 직원을 인도네시아에 3개월 동안 보냈고, 6개월 만에 설치를 마쳤다.

이 회사는 SAP로부터 아시아권 내에서 가장 성공적으로 ERP 시스템을 도입한 회사로 평가받았고, 성공사례도 발표했다.

이 회사는 모든 구매물품을 공개 경쟁입찰에 의한다. 이러한 경영은 기업주에게는 좋을지 모르겠지만, 종업원에게는 '떡고물'이 떨어지지 않으니 좋을 리 없다. 또한 너무 원칙만 따지다 보면 창의성이 떨어지고, 소신있게 일하는 풍토가 자리잡기 힘들어질 수도 있다.

그는 투명경영으로 종업원들이 '떡고물'을 포기해야 했기 때문에 어떤 보상이 뒤따라야 한다고 생각했다. 그는 영업직과 관리직으로 구분해 영업직은 차별 보너스와 성과급으로, 관리직은 금전적 보상 대신 조기 승진으로 근무의욕을 북돋았다.

이 회사는 2002년 10월 1일부터 기업분할을 시도한다. 비제약 부문을 떼내어 독립회사로 만든다는 계획이다. 기업분할도 투명경영의 일환이고, 제약에서 번 돈으로 다른 사업에 투자한다면 대웅제약 주주들에게 떳떳하지 못한 일이기 때문이다.

제약업계 생존에 가장 필요한 무기는 '속도'라고 생각한다. 속도에서 승리하기 위해서는 가장 우수한 기업과 전략적 제휴가 필수적이다.

그는 "세계적인 기업과 손잡는 데 투명경영이 이렇게 큰 무기가 될 줄은 몰랐다"고 말한다. 믿지 못할 기업과 손잡을 회사는 없기 때문이다.

윤 사장은 2005년까지 '세무회계 무결점' 기업을 만든다는 계획이다.

정부는 기업의 회계투명성을 제고하기 위해 기업구조조정 촉진법을 한시적으로 2001년 9월 15일부터 2005년 12월 31일까지 시행하고 있다. 이 법은 주식회사의 외부감사에 관한 법률의 적용을 받는 기업으로 자산총액 70억 이상인 기업과 주식상장회사에 적용된다. 해당 회사는 '내부회계관리규정'을 만들어 반기에 한 번씩, 일년에 두 번 자체 회계감사를 실시해야 한다. 이 감사는 1년에 한 번씩 하는 결산감사와는 별개로 운영되는 것으로서 기업 내 회계감사를 한층 더 강화한다는 목적이 있다.

명절 때가 되면 많은 도서민들이 고향을 찾는다. 명절 전후는 특별수송기간으로 승객의 안전운항을 위해 해양경찰청에서 승선인원을 엄격히 단속하는 기간이기도 하다. 2001년 9월 30일은 추석 전날이었다.

여수 출항, 계도 도착 한려해운(주) 소속 차도선(사람과 차량을 동시에 싣는 배로서 160명 정원)에도 많은 손님들이 예매를 하고 승선을 기다리고 있었다. 출항 12시 예매 손님들을 배에 승선시키자 다수의 15시 예매권을 소지한 손님들이 배에 승선하여 정작 12시 예매권 소지 손님들 20여 명이 승선할 수 없었다.

미처 승선하지 못한 12시 예매 손님들의 반발이 거세었다. 이러한 상황은 승선관리를 소홀히 한 해운사 측에 있었다.

해운사는 책임을 통감하고 20여 명의 손님을 위해 310명 정원의 쾌속여객선을 즉시 투입하여 손님들의 불만을 해소시켰다.

■ 1승 쟁취와 16강 진출이 목표(고객중심경영)

2002년 1월 1일자 모 정당보와의 인터뷰에서 히딩크 감독은 2002년 월드컵의 한국 성적 전망에 대해 "월드컵 본선에서 한국이 한번도 올리지 못한 1승 쟁취와 이를 토대로 한 16강 진출이 목표"라고 말했다.

고객중심경영 사례

퀄컴은 CDMA(코드분할다중접속) 이동통신 분야에서 1,900개가 넘는 특허를 보유하고, 세계 150개 기업으로부터 기술사용료를 받고 있는 미국 기업이다.

이 회사의 창립자인 어윈 제이콥스 회장은 샌디에이고 부근의 주택에 살고 있다. 그는 샌디에이고 대학 등 지역 사회에 엄청난 기부금을 내놓은 것으로 알려져 있다. 2002년 초에는 샌디에이고 심포니 오케스트라에 무려 1억 달러를 기증했다.

■ 16강 진출 가능하다 (고객중심경영)

2002년 3월 25일(현지 시간) 유럽 전지훈련 중 터키전을 앞두고 마련된 내외신 기자회견에서 히딩크 감독은 "월드컵에 참가하고 즐기는 것도 좋지만 한국민의 열망, 언론의 관심 등으로 볼 때 성적이 중요하다"며 "선수들의 사기가 오른다면 16강 진출은 충분히 가능하다고 본다"고 자신했다.

--- 고객중심경영 사례 ---

우리가 보아온 대부분의 학교에는 교수 행선지를 알리는 표시로 값비싼 아크릴의 짙은 바탕에 흰색 글씨로 '재실, 수업중, 회의중, 식당, 퇴근'이라고 표시되어 있다.

그런데 어느 대학의 K교수 방 앞에 있는 것은 이것과 너무나 대조적이었다. 노란 바탕에 빨강 글씨로 이렇게 써 있는 것이었다.

재실 대신에 '어서 오세요'가, 식당 대신에 '밥먹고 오겠습니다', 퇴근 대신에 '내일 오세요'라고 쓰여 있었다. 그리 돈들이지 않고 예쁘게 그려서 만든 것이었다.

'재실'과 '어서 오세요'의 차이는 '나 중심'이 아닌 '상대방 중심'을 말하는 것이다. 이런 조그만 배려가 상대방을 기분좋게

해주는 데 그치지 않고, 기업의 이미지를 결정하고 금전적 성과
를 얻는 데까지 이어질 수 있다.

■6월 초까지는 체력적으로 완벽한 팀이 될 것이다 (고객중심경영)

2002년 5월 1일 월드컵을 30일 남겨두고 대한축구협회 기자회
견에서 히딩크 감독은 "그동안 16강의 목표를 위해 노력해왔다. 가
능성은 충분하다. 현재 일부 부상 선수들이 있긴 하지만 첫 경기를
치르는 6월 초까지는 체력적으로 완벽한 팀이 될 것"이라며 강한
자신감을 보였다.

고객중심경영 사례

다음은 전력회사인 플로리다파워 & 라이트의 마이애미 서비
스센터의 업무처리 방식이다. 고장신고 전화가 걸려오면 "죄송
하지만 앞에 전화한 분이 2명이니 50초만 기다리십시오"라는
응답이 나온다.

우리들이 흔히 듣는 "걸려온 전화를 받고 있으니 잠시 기다려
주십시오"라며 무작정 기다리게 하는 기계적 응답이 아니다.

시간을 다투는 기업 경쟁은 끝이 없다. 단순히 물리적 시간만
을 줄이는 게 아니라 시간에 대한 소비자의 미묘한 심리까지 고
려한다.

이 센터에서는 고객들의 짜증을 줄이기 위해 1991년부터 광범위한 통계학적 연구를 해왔다. 그 결과, 고객들은 자기가 기다려야 할 시간을 알고나면 무작정 기다리는 것보다 참을성이 커진다는 사실을 알게 됐다. 이 센터는 1993년부터 전화고객에게 대기시간을 알려주고 있다.

■꿈을 이루겠다는 야망과 자신감 (고객중심경영)

2002년 5월 월드컵 출사표를 던지면서 히딩크 감독은 "16강은 한국인뿐만 아니라 나 자신의 목표이기도 하다. 우리는 팀의 현실을 직시하고 있지만 꿈을 이루겠다는 야망과 자신감이 있다"고 말했다.

고객중심경영 사례

카드제작회사 홀마크사의 캔사스 시 매장에는 「나만의 카드」 코너가 있다. 컴퓨터를 통해 원하는 카드의 무늬를 고르면 "카드에 써넣고 싶은 내용을 입력하세요"라는 메시지가 나온다. 내용을 입력하면 "바로 매장에 배달하겠습니다"라는 메시지가 나오고, 이 주문형 카드는 다음날로 이 매장에 배달돼 고객의 손에 전해진다.

무한경쟁시대에는 고객의 소리를 듣고 생산한 뒤 제품을 고객에게 전달하기까지 시간, 이른바 사이클 타임을 가능한 한 짧게 줄이는 것이 경쟁력의 가장 큰 원천이 된다.

이 회사의 「나만의 카드」 코너는 중간단계를 전혀 거치지 않고 시장에 있는 고객의 소리를 듣고 바로 생산해내는 시스템이다.

■한국 국민들에게 선수 못지않은 친밀감을 갖게 됐다
(고객중심경영)

2002년 6월 29일 3 · 4위전 종료 후 그라운드에서 기자회견을 가진 히딩크 감독은 "경기장은 물론 전국의 거리에서 대표팀에게 아낌없는 성원을 보내준 한국 국민에게 진심으로 감사한다. 월드컵을 치르면서 한국 국민들에게도 선수 못지않은 친밀감을 갖게 됐다"고 말했다.

고객중심경영 사례

포항제철(현 POSCO)은 1968년 4월 1일 창립되었다. 회사의 공장부지 매수업무가 일단락지어질 무렵, 직원들의 주택확보 문제가 대두되었다. 당시는 경제개발 5개년 계획이 성공적으로 추진됨에 따라 인구의 이동이 활발해져 전국적으로 주택난이 심각했다. 특히 대규모 제철공장이 들어서게 될 포항시의 경우는 늘어나는 인구를 감당할 주택이 절대 부족한 실정이었다.

당시는 공장건설자금도 부족한 형편에 주택건설자금 지원은 불가능하다는 것이 관계기관의 주장이었고, 설사 자금이 해결된다 하더라도 대규모 주택단지를 어디로 선정할 것인가 하는 것이 큰 문제가 아닐 수 없었다.

회사는 직원들이 장기간의 건설기간 동안 안심하고 현장에 머무를 수 있도록 해주기 위해서는 주택과 자녀교육 문제까지를 근원적으로 해결해줄 수 있는 방안이 필요했다.

방법은 자가주택제도를 시행하는 것이었다. 이 방침에 따라 관계기관을 집요하게 설득하여 양해를 구했다. 이렇게 하여 주택단지의 조성과 함께 직원들이 큰 부담없이 입주할 수 있도록 무이자로 자금을 지원해주는 한편, 장기저리의 은행융자도 알선해주어 국내 최초로 직원 자가주택제도를 실현했다.

■한국형 축구 (신제품 개발, 고객중심경영)

그는 2002년 한·일월드컵에서 세계축구의 양대산맥인 유럽 축구와 남미 축구가 아닌 체력을 바탕으로 하는 완벽한 멀티플레이어를 펼치는 공격위주의 빠른 압박축구라는 새로운 모델 "한국형 축구"를 선보였다.

1999년 12월 필자는 미국 시카고 출장을 마치고 귀가길에 시카고에서 LA를 거쳐 한국으로 가는 유나이티드 에어라인(United Airline)을 탔다. 시카고에서 LA까지 비행시간이 3시간 30분 정도 소요되었다. 밖의 날씨는 구름 한점 없이 쾌청했다. 비행기에서 기내식을 마치자 기장의 멘트가 있었다.

"잠시 후에 그랜드 캐년이 보일 것 입니다. 날씨가 너무 좋아 바로 이곳을 그냥 지나칠 수 없군요. 기내 좌측에 앉아 계시는 손님들을 위해 기체를 왼쪽으로 기울이겠습니다" 하며 기체를 왼쪽으로 기울여 손님들이 마음껏 구경할 수 있도록 배려했다. 잠시 후에 기장은 오른쪽에 계시는 손님들을 위해 기체를 오른쪽으로 기울이겠다고 하면서 똑같은 배려를 했다.

탑승객들은 기장의 멘트에 하나같이 박수를 보냈고, 탑승객 모두가 추억에 남을 여행을 했다.

강철왕 카네기는 자서전에서 "부자의 일생은 두 시기로 나누어야 한다. 전반부는 부를 획득하는 시기이고 후반부는 부를 분배하는 시기여야 한다"고 썼다.

그는 1901년 2월 25일부터 자신의 부를 나누기 시작했다.

먼저 1902년 워싱턴 카네기협회 설립, 공공도서관 건립을 지원하는 재단이었다. 당시로서는 천문학적 액수인 2천5백만 달러의 사재를 털었다. 이어 그는 카네기 회관, 카네기 공과대학, 카네기 교육진흥재단 등에 모두 3억 달러를 기증했다.(당시 일본의 1년 예산이 1억 3천만 달러였다.)

카네기의 뒤를 이어 록펠러 재단(3억 5천만 달러, 1913년), 포드 재단(5억 달러, 1936년) 등은 카네기 정신의 계승자였다.

이들의 부에 대한 사회 환원은 불특정 다수에 대한 진정한 고객만족이 아닌가 한다.

4. 재무전략

한국 대표팀 선수들의 체력을 유럽이나 남미 명문구단 선수 수준의 체력으로 증진시키는 계획이다.

■맞춤식 체력훈련 실시 계획

2001년 12월 한국팀 감독 1주년 기념 강연에서 히딩크 감독은 대표팀 선수들의 체력을 스피드, 파워, 지구력으로 구분하면서 한국팀의 스피드는 90%, 파워는 50%, 지구력은 60% 수준에 머물러 있다고 진단한 뒤, 그동안 선수 개인별로 측정한 자료를 전문기관에 의뢰하여 그 분석자료를 가지고 맞춤식 체력훈련을 실시할 계획임을 밝혔다.

■파워프로그램 운영(Fundamental 강조, 체계적인 교육훈련)

▶ 파워프로그램은 선수들이 전후반 90분을 충분히 뛸 수 있는 체력을 만들기 위한 체력강화 프로그램이다.

- 선수들은 체중의 3배를 견딜 수 있는 근육강화 운동과 일반인의 2배를 흡입할 수 있는 산소 섭취량을 갖도록 하는 체력 회복 강화훈련 및 반복되는 공격·수비 상황에 적절히 대처할 수 있는 순발력 강화훈련을 했다.
- 이틀에 한 번씩 약 2시간 이상의 체력훈련을 했고, 합숙훈련 중에는 선수 개개인별 근육강화 프로그램을 달리했다.

▶ 셔틀런은 20m 단거리를 왕복하는 훈련과 주기적인 측정으로 우리 선수들은 처음 시작할 때 90회 정도에 불과했으나, 계속된 파워프로그램에 의한 체력단련으로 월드컵 전까지는 유럽 명문구단 선수 수준인 120회를 능가하게 되었다.

> **체계적인 교육훈련 사례 1**
>
> 현대자동차는 2002년부터 연간 180명씩 5년간에 걸쳐 900명의 중간관리자를 국내 유수대학의 경영대학원에 위탁교육시켜 기술경영, 마케팅, 생산경영, 구매자재, 금융·회계, 인사조직·전략기획 등 6개 핵심부문에서 글로벌 전문가로 육성할 계획이다.

기아자동차는 연말까지 1,500명의 영업인력을 '자동차 종합 컨설턴트'로 키우기로 했다.

종합 컨설턴트는 자동차와 관련 법규는 물론 자동차 보험, 중고자동차 처리 등 자동차에 관한 전문가다.

체계적인 교육훈련 사례 2

삼성SDS는 2001년 10월 전사원을 대상으로 한 인력관리 프로그램 '마이 프로웨이(My ProWay)'를 선보였다.

프로웨이는 입사 때부터 자신의 직군과 직무를 스스로 선택하고 이를 체계적으로 발전시키기 위한 경력관리 프로그램이다.

프로웨이에 따르면 신입에서 4년차(대리급)에 이르기까지 기본역량 강화단계로 200시간의 의무교육을 받게 된다. 이후에는 다시 전문역량 강화단계, 관리자 양성단계 등을 밟으며 차례로 경력을 개발하게 된다.

삼성SDS는 프로웨이 프로그램의 효과적 진행을 위해 전체 사원의 10%는 항상 교육을 받을 수 있도록 하는 규정을 마련했다. 또한 교육 성과를 관리자와 부서 평가에 직접 반영하도록 하고 있다.

체계적인 교육훈련 사례 3

1990년 시작된 금호그룹 MBA는 금호그룹 사원 대부분이 경영학 석사학위를 가지고 있는 셈이라 할 수 있다. 현재까지 1,701명의 졸업자를 배출한 상태다.

이 과정은 22주간 일상업무에서 벗어나 교육에만 전념토록 하고 있어 재교육의 효과도 상당하다. 실제 금호 MBA는 15개 교과목에 대해 총 420시간을 이수, 일반 석사과정과 동일하게 구성돼 있는 점도 특징이다.

■ 선수 점검결과에 따른 맞춤식 체력훈련 실시 (맞춤식 교육훈련)

▶ 2002년 1월 미주 전지훈련을 앞두고 히딩크 감독은 미리 체력강화훈련 프로그램을 개인별로 나눠주고 25세 이하 젊은 선수들의 체력강화훈련을 독려했다.

대상자는 차두리, 이동국, 최태욱, 현영민, 이영표, 김남일, 김용대, 송종국 등 8명이었다.

▶ 그는 2002년 1, 2월 북중미 전지훈련 중 부상자가 속출하자, 3월 유럽 전지훈련부터 에레이몬드 피지컬 코치를 합류시켜 체력강화 프로그램을 계속해 나갔다.

맞춤식 교육훈련 사례 1

KT는 2002년 임직원 65명을 선발해 1~3년간 국내외 MBA과정을 이수토록 하는 등 대규모 인재 육성프로그램을 시행 중이다.

인재육성 프로그램에는 MBA과정 외에 임직원 177명이 국내외에서 1개월~1년 동안 자기 직무에 맞는 '맞춤형 교육'을 받는 것도 포함된다. 또 KT는 리더십 강화교육을 실시중인데 참여 인원은 전체 임직원의 10%인 4,000~5,000명선이다.

맞춤식 교육훈련 사례 2

포스코는 2002년 5월부터 직원 재교육 차원에서 '맞춤식' 유학제도를 도입, 시행키로 했다. 이 제도의 특징은 오프라인으로만 이뤄지던 종전방식에서 탈피해 국내외 대학의 온라인 석사과정이 포함된 것으로 장소와 시간의 제약을 받지 않는다.

포스코는 현재 운영중인 사이버MBA 과정도 확대해 각 과정에 4주(20시간)씩 2002년 7월부터 총 4회 운영할 계획이다.

■파워프로그램 운영기간 선수들의 간식 변경

과거에는 선수들의 피로회복을 위해 초콜릿과 사탕을 먹도록 했으나, 파워프로그램 훈련기간에는 잘못된 간식으로 인해 근육 대신 지방이 붙는 것을 방지하기 위해서 바나나와 오렌지로 선수들의 간식을 바꿨다.

5. 정보전략

한국 대표팀과 월드컵 출전팀의 전략 분석 및 스태프진 활용 등
에 대한 계획이다.

■ 선진축구 흐름, 한국팀의 장단점 파악과 잠재력 및 월드컵
　 대진 상대국 정보 분석 (지식경영)

▶ 히딩크 감독은 2000년 11월 대한축구협회에 "한국 축구를 알
기 위해 국가대표 운영체계와 현 상비군 50명의 신상명세와 그리
고 1999년 1월 이후 국제경기에 출전한 전체 선수명단 등을 보내
줄 것"을 요청했다.

▶ 2000년 12월 초 히딩크 감독은 한국팀 감독 영입을 추진하는

대한축구협회 가삼현 국제부장과 만난 자리에서 한국 선수들의 성
향에 대해 묻기를 "만약 한국 선수에게 대뜸 연습중 나무로 올라가
라면 올라가느냐?"라는 질문에 가 부장은 "아마 그럴 것이다"라고
대답했다고 한다.

▶ 그는 2001년 1월 대표팀 부임 이후 6개월 동안 홍콩 칼스버그
컵, 두바이 4개국 대회, 유럽 전지훈련, 컨페더레이션스컵 등을 거
치면서 한국 축구와 선수들의 장단점을 파악했다.

- 한국 축구는 1-1 상황에서 상대를 제압할 수 있을 정도로 체
  력적으로 강해져야 하며 이기고 있는 상황에서 움츠러들지
  말고 자제력과 절제력을 더욱 키워야 한다.
- 한국선수들의 장단점을 보면,
  윤정환은 "시야가 넓고 패싱력이 뛰어나 플레이메이커로 적
  합하나, 대인 마크와 수비 가담능력이 떨어지고"
  하석주는 "왼쪽 수비냐 왼쪽 공격이냐를 놓고 저울질하고 있
  는 상태이나 최고령(33세)인 만큼 공격수로는 체력적으로 부
  담이 크다. 왼쪽 수비수로 쓰기에는 돌파력과 킥력이 아깝다."
  설기현은 "최전방 공격수, 오른쪽 혹은 왼쪽 날개의 3가지
  포지션에서 활용이 가능하다. 볼을 달고 뛰는 능력이 좋고
  왼발, 오른발 슈팅도 자유자재로 구사한다" 등으로 선수 개
  개인을 분석했다.

▶ 그는 한국 축구에서 개인기, 전술, 지도력 중 가장 시급하게 개선되어야 할 점이 전술이라고 평가하고, 한국팀이 강팀이 아닌 점을 감안하여 4-4-2 전술에서 출발하여 팀의 전력에 꼭 맞는 응용 포메이션 개발이 필요했다.

상대 공격수가 3명일 경우에는 4-4-2 포메이션을, 상대 공격수가 2명일 경우에는 3-5-2 포메이션을 쓰는 경우다.

▶ 한국 축구가 과거에는 체력과 정신력이 강하다고 평가되었으나, 히딩크 감독은 90분을 소화해낼 체력이 약하고 정신력 중 투지는 좋으나, 자제력과 도전의식 등은 수준이하라는 평가를 내렸다. 정신력의 요체는 지극히 냉정하고 현실적인 '집중력'으로, 어떤 상황에서도 냉정하게 경기에 몰입할 수 있는 능력이라고 말한다.

▶ 그는 한국팀에 뛰어난 플레이메이커가 없음을 파악하고 플레이메이커 중심의 축구에서 조직 축구로 전환이 필요하다고 판단했다.

▶ 상대팀 및 선수 개개인에 대한 분석으로 "맞춤 전술"을 구사했다.

- 폴란드전에서는 스피드로, 미국전에는 체력으로, 포르투갈전에서는 상대가 몸싸움을 싫어한다는 걸 알고 거칠고 강한 압박을 가하는 전술을 구사했다.
- 세계적인 선수 포르투갈 플레이메이커 피구 선수는 막히면 뒤

로 공을 빼고, 상대를 젖힐 때는 왼쪽으로 드리볼함을 알고 송
종국으로 하여금 그림자 수비로 피구를 꽁꽁 묶도록 했다.

▶ 그는 "한국 선수들은 골문 가까이 가면 지나치게 흥분한다. 과
도하게 흥분하고 체력을 소모하면서 슛을 날리다 보면 어느새 기
력은 다 빠지고 집중력도 잃게 된다. 이것이 한국팀의 가장 큰 문
제다"라고 지적했다.

지식경영 사례 1

이랜드는 1997년 외환위기로 경영이 악화되어 구조조정을 수
행하는 과정에서 98년부터 지식경영을 도입했다.

지식경영을 통한 궁극적 목적은 생산성 향상과 혁신에 능숙
한 지식조직 개발과 함께 지식조직을 구성하는 '지식자본가'의
양성에 있었다.

여기서 '지식자본가'란 지식을 소유한 개인을 그 지식이 지니
고 있는 생산성만큼의 자본을 소유한 것으로 보고 일컫는 이랜
드만의 지식경영 용어다.

회사는 혁신과 생산성을 낳는 과정인 지식활동을 배우고, 사
용하고, 가르치고, 확인하는 행동으로 분해한 다음 각 행동에
대해 점수를 부여하는 알고리즘을 지식관리 시스템에 설치하여
지식활동을 측정할 수 있게 했다.

성과관리 BSC(Balanced Scorecard: 균형잡힌 성과기록표) 체계는

월, 분기, 연별로 평가회를 수행하는데, 월 평가회는 경영자가 각 브랜드 또는 부서별로 목표대비 경영 성과를 자세하게 설명하고 전 직원이 평가 및 지식을 공유하는 기회로 활용하고 있다.

지식경영 사례 2

스칸디아 금융그룹은 1855년 창립, 1만 명의 직원을 보유한 스웨덴에 본사를 둔 글로벌 금융그룹으로 장기저축, 자산운영, 재해보험 등을 주요 사업으로 하고 있다.

그룹은 경기 변동 및 자연 재해 증가와 같은 환경 변화에 적응하기 위한 금융 상품 포트폴리오의 유연성 증대와 기업의 가치 및 성과에 대한 정확한 정보를 투자자에게 제공하고자 지식경영을 도입했다.

그룹은 1991년부터 지적 자본 개발을 통한 기업가치 증대를 위해 기업의 지적 자산을 측정하는 모델을 개발하는 한편, 그룹 내 기업정보공유 시스템을 구축하고 그룹 계열사간 네비게이터 모델과 과거부터 축적해왔던 최선의 경영활동 프로세서인 '베스트 프랙티스(best practice)'를 공유하여 업무수행 성과를 높였다. 즉, 업무활동을 통해 축적된 상품 개발, 업무 처리 및 판매 프로세스에 대한 지식과 노하우를 직원들이 정보 시스템을 통하여 언제든지 열람하고 참조할 수 있도록 해 업무수행의 효율성을 증진시켰다.

　리츠칼튼 호텔의 모든 구성원들은 호텔에 투숙한 모든 고객으로부터 고객의 신상 자료 및 호텔에 대한 건의사항 등과 관련된 정보를 확보하도록 요구받고 있다. 이러한 정보는 전사적으로 축적되고, 모든 구성원들이 향후 보다 나은 서비스를 제공하도록 학습, 공유된다. 이러한 전사적인 학습활동을 통해 고객은 다음 투숙시 개인의 니즈에 꼭 맞는 서비스를 경험할 수 있다.

　보잉은 종이로 된 서류는 일체 없이 비행기를 개발해내는 것으로 유명하다. 일반적으로 비행기 개발시에는 200여 개의 팀이 병행하여 유기적으로 작업해야 한다. 이를 위해 과거에는 업무 분담표나 작업 일정과 관련된 많은 서류의 작성이 필요했다. 그러나 보잉은 이를 디지털 데이터베이스로 대체하도록 하고, 작업에 참여하는 구성원들은 보다 창의적인 활동을 할 수 있도록 하고 있다. 또한 데이터베이스에는 고객과 관련된 자료뿐만 아니라 공급업체 등 외부협력기관의 자료도 포함되어 있어 신속한 업무처리가 가능하도록 지원한다.

■언론담당관, 기술분석관, 비디오분석관, 체력담당관, 상설
  주치의 등 각 분야 전문가 활용 (스피드경영)

박정인 현대 모비스 회장은 "남보다 빨리 가려면 빨리 움직여야 한다"는 게 지론이다. 2000년 7월 '스피드경영'을 천명한 박 회장은 사내 인트라넷 구축을 통한 대면결재 폐지, 메시지 통합관리 시스템 도입 등 스피드경영을 위한 사내 인트라를 구축했다.

또 신속한 정보처리가 필수적인 중역과 영업부 사원들에게는 PDA를 지급했다. 매일 아침 7시 30분에 열리는 임원회의를 인터넷 원격 화상회의로 대체한 것은 스피드경영을 정착시키기 위해서다.

전자조달정보 시스템도 갖춰 자재발주, 대금지불 등 구매업무를 '광속도'로 해결하고 전자대금지불 시스템을 구축, 어음발행도 줄였다. 구매업무에 들어가는 시간과 관리인원을 획기적으로 줄일 수 있었던 비결이다.

스피드경영을 위한 하드웨어 구축뿐 아니라 임직원의 소프트웨어를 바꾸기 위한 노력도 병행했다. 임원들과 함께 동대문 새벽시장을 견학하는가 하면 종무식, 시무식을 인터넷을 통해 중계해 '시간절약이 곧 경쟁력'이라는 인식을 심어줬다.

국내영업본부, 해외영업본부, 구매본부 등 6개 본부장 제도

를 통해 의사결정 구조를 단순화한 것도 같은 맥락이다.

김장연 삼화페인트 사장도 평소 "기업은 미사일을 조정하듯 해야 한다"며 "목표물까지 가는 과정에서 일어날 수 있는 모든 불확실한 상황에 대해 대비해야 한다"고 강조한다.

2001년부터 본격적으로 실시한 '2달 단위 예산집행'은 삼화페인트의 스피드 경영문화를 잘 보여준다. "하루가 다르게 변하는 시장환경에 대응하려면 2개월도 길다"는 게 김사장 얘기다. 두 달 단위 사업계획을 짜면서 나타난 가장 큰 변화는 2000년에 비해 매출은 소폭 상승했지만 영업이익은 무려 40% 이상 증가했다. 올해는 상반기에만 100억 원에 가까운 영업이익을 기록해 지난해 자체 영업이익 107억 원에 가깝게 수확했다.

IMF체제 중 오히려 영업과 마케팅을 강화해 시장 점유율을 끌어올릴 수 있었던 것도 위기가 오기 전에 먼저 결제단계를 3~4단계로 줄여 민첩하게 시장에 대응할 수 있었기 때문이었다.

김 사장은 "늦게 가는 것보다는 실패를 하더라도 교훈을 얻고 빨리 다시 시작하는 게 낫다"며 "스피드경영을 통해 시장에 적극 대응하는 게 기업성장의 전제조건"이라고 강조했다.

제2부
예술경영을 위한 기업문화

한국 대표팀과 한국 대표팀에 대한 국민의 기대 및 히딩크 감독의 가치관, 전략, 언행, 옷차림 등 한국 축구의 모든 것을 변화시키기 위한 총체적인 계획이다.

1. 관념문화

한국 대표팀의 월드컵 16강 목표 달성을 위한 비전 제시, 감독의 소신, 도전정신 등에 대한 계획이다. 「경영전략」 중 마케팅전략이 여기에 해당된다.

이러한 관념문화는 중핵적 위치를 점하고, 다음에 기술되는 제도문화, 행동문화, 시청각문화는 관념문화를 지지하는 구조화(선수선발, 훈련, 기본전술, 임무, 인센티브, 훈련장, 정보분석 및 활용 등), 행동화(감독의 행동, 언어, 태도 등), 상징화(유니폼 색상 등 시각적 요소) 등의 요소로 작용한다.

■ 월드컵 기간 중 나의 거취 문제는 이야기하지 않겠다
　(리더의 소신)

▶ 월드컵 이후 거취에 대한 언론의 질문에 히딩크 감독은 "월드컵 기간 중 나의 거취문제는 이야기하지 않겠다"고 밝혔다.

▶ 국내 축구전문가와 언론에서 "베스트 11을 조기 확정하고 포지션별 전문성을 키우라"고 질타하는 말에, 히딩크 감독은 "베스트 23으로 준비한다"고 일축했다.

─ 리더의 소신 사례 1 ─────────────

　김정태 국민은행장이 2002년 6월 "기업인사도 히딩크 감독처럼 철저히 능력에 따라 이뤄져야 한다"며 "2002년 9월 IT부문 통합 이후 기존 인사기록부는 폐기하고 철저히 능력위주 평가를 실시하겠다"고 밝힌 점도 같은 맥락이다. 임직원들이 인사에 불만이 없는 기업이라면 그만큼 투명하고 공정한 인사평가가 이뤄진다는 얘기다.

─ 리더의 소신 사례 2 ─────────────

　네덜란드 히딩크 감독은 1994년 미국월드컵 당시 극심한 비난 여론에도 불구하고 반바스텐, 루드굴리드, 레이카르트 등 이른바 '오렌지 삼총사'를 엔트리에서 제외시킨 채 당시 신예였던

데니스 베르캄프를 중용한 일이 있다.

데니스 베르캄프는 성장을 거듭하여 1998년 프랑스월드컵 때 네덜란드팀을 4강에 올려놓는 데 일익을 담당했다.

이동통신 분야의 세계적인 기업인 노키아(Nokia)의 요르마 올릴라는 취임 즉시 환경의 변화를 정확히 예측하여 기존 모태인 펄프, 고무사업을 완전히 정리하고 미래의 수익성 사업으로 보이는 통신업체로의 변신을 적극 추진했다.

■체력강화 훈련은 계속됐다 (선택과 집중)

2002년 1월부터 본격적으로 시작된 체력강화 프로그램으로 북중미골드컵 및 남미 전지훈련을 마친 선수들이 피로를 호소하고 전문가들조차도 "네덜란드식 체력강화 프로그램이 우리 선수들에게 맞겠느냐"며 회의적인 반응을 나타냈다.

심지어는 주치의조차 히딩크 감독에게 "체력강화 프로그램의 강도를 줄이도록" 조언했고, 선수들 또한 2002년 3월 유럽 전지훈련에서 한층 강화된 체력훈련으로 '죽을맛'이라는 넋두리도 있었지만 체력강화 프로그램은 계속됐다.

삼성 이건희 회장은 1993년도부터 "마누라만 빼놓고 다 바꿔라"고 주문했다. 98년 삼성은 외환위기로 삼성전자를 포함한 전사업이 위기에 놓였지만, 이를 신경영이 자리잡는 기회로 활용했다.

삼성은 한계 사업이나 비주력 사업을 과감히 퇴출시키고 반도체와 휴대전화 등 수익성 높은 사업 위주로 구조를 개편한다는 원칙을 세웠다.

1998년 한해 4천억 원의 매출에 1천억 원 가량의 이익을 내고 있던 부천 공장의 전력용 반도체 사업도 페어차일드사에 팔았다. 이 회사는 이 회장이 사재를 털어가며 반도체 사업을 시작한 공장이었다.

이 회장은 "회사에 유익하다고 생각하면 처분하는 게 구조조정"이라며 사업재편을 요구했다. 이런 과정을 거쳐 97, 98년 사이에 가전제품과 무선호출기 사업 등 34개 사업과 52개 품목을 정비했다.

■미국-폴란드전에 개의치 않고 포르투갈을 꺾다 (정도경영)

히딩크 감독은 월드컵 16강 마지막 경기에서 우리 팀은 포르투갈과 비기기만 해도 16강 티켓을 얻을 수 있었으나, 같은 조인 미

국과 폴란드전에 개의치 않고 활발한 공격을 편 끝에 박지성의 골
로 조 1위를 확정지었다. 이날 폴란드는 미국을 3 : 1로 물리쳤다.

　유한양행의 21세기 비전은 "신약 개발력을 갖춘 세계적 제약
기업으로의 도약"이다. 1997년 3월 김선진이 유한양행 대표이사
사장에 취임한 이후 비전을 달성하기 위해 신약을 개발하고 기
존 제품의 경쟁력을 높이기 위해 투자를 확대하는 데 힘써왔다.

　김 사장은 연구원 숫자를 100명에서 180명(전체 직원의 17.8%)
으로 늘리고 매출액 대비 연구개발투자비율도 1997년 4.3%(87
억 원)에서 2001년 5.8%(150억 원)로 높였다.

　영국 등 외국 기업과의 공동연구를 통한 약물 타깃 발굴, 신
약 연구개발에 시너지 효과를 낼 수 있는 국내 제약사들과의 제
휴도 활발히 추진하고 있다. 이같은 노력 결과 위·십이지장궤
양 치료제와 골다공증 치료제 등을 개발하는 쾌거를 이뤘다.

　김 사장은 또한 보수적인 기업문화를 가진 회사에 변화를 추
구하고 능력과 업적을 중시하는 회사로 바꾸기 위해 발탁 인사
를 확대해왔으며, 우수사원에 대해 대우를 했다.

　이와 같이 김 사장은 내실을 다지며 적정 성장을 추구하는 정
도경영을 추구하는 기업인이다. 매출보다는 수익 위주의 경영
목표를 세운 것도 그런 철학에서다. 김 사장이 사장으로 취임하
기 전인 1996년 말 영업이익률은 6.8%로 당시 업계 평균치의

절반 수준이었지만, 2001년에는 16.4%로 업계 평균치를 웃돌았다.

■승리할 수 있는 잔인한 마음가짐을 가져라 (공격경영, 도전정신)

▶ 히딩크 감독은 "실전이든 연습이든 승리만을 생각하라", "승리할 수 있는 잔인한 마음가짐을 가져라"고 주문한다.

▶ 2002년 3월 유럽 전지훈련 중 터키전을 앞두고 히딩크 감독은 "터키전을 통해 대표팀의 현주소를 파악하는 한편, 고질적인 유럽 징크스를 깨뜨려보겠다"고 말했다.

▶ 히딩크 감독은 "실전이 중요하다. 쉽게 주눅드는 한국 축구는 강한 유럽 팀들과 끊임없이 맞서며 경쟁력을 높여야 한다"며 "강팀과 상대해야 약점과 강점을 파악할 수 있다"고 강조한다.

공격경영 사례

SK텔레콤은 가입자가 포화상태에 이르러 새 형태의 사업모델 개발이 필수적인 것으로 진단했다. 이에 따라 정보통신 분야의 발전 지도는 유무선 서비스 강화와 방송 관련 인프라 구축, 신규 서비스가 가능한 단말기 개발 등으로 확장하고 필요할 경우 관련 기업 M&A에 적극적으로 나설 계획이다.

이 회사는 2002년 5월 KT민영화에 참여, 지분을 확보하여 사업확장의 신호탄을 쏘아올렸다. 6월 이후에도 라이코스코리아 인수, 한국 디지털 미디어센터 지분 40% 인수, 일본 위성방송 사업자인 MBCO 지분 14.2% 인수 등을 성사시키거나 추진 중이다. 7월 초에는 검색포털사이트인 라이코스를 인수한 데 이어 증권전문 사이트인 팍스넷과 전북은행 카드사업 부문 인수에도 적극 나서고 있다.

SK 구조조정본부 관계자는 "SK 경영의 가장 큰 특징은 10년 앞을 내다보는 경영"이라면서 "주력사업 재편을 위한 중장기 발전 지도에 따른 사업확장은 원점에서 출발하면서 모든 가능성을 열어놓고 있다"고 말한다.

도전정신 사례 1

회사 수익의 90% 이상을 필름으로 벌었던 Kodak사 처지에서 필름이 필요없는 디지털 카메라 시대의 도래는 위기였다.

코닥은 과거 사업을 지키는 데 목숨을 거는 대신 새로운 기술을 습득하는 데 주력했다. 디지털 이미징 기술을 적극 개발해 카메라 회사로 방향을 선회한 것이다.

그 결과 코닥은 디지털 카메라 부문 세계 3위의 업체로 거듭나게 되었고 필름 소비가 줄어도 생존위협을 느끼지 않게 되었다.

┌─ **도전정신 사례 2** ─────────────────

　고 이병철 삼성회장은 변화관리와 끊임없는 도전정신에 능숙함을 보였다. 그는 우리 사회의 경제적 변화에 맞게, 즉 소득수준이 낮을 때는 의식주와 직접 관련이 있는 생활필수품 위주의 사업에 치중했다.

　의식주 문제가 해결이 되고, 우리 경제가 차츰 성장하면서 산업재 생산에 몰두하고, 과학기술이 뒷받침되자 1980년대부터는 기술 집약적인 첨단산업으로 뛰어들어 독자적인 노력으로 전자, 반도체를 비롯한 첨단산업의 선도자 역할을 하는 데 기여했다.

┌─ **도전정신 사례 3** ─────────────────

　고 정주영 현대그룹 회장은 무에서 유를 창조한, 그야말로 무일푼으로 시작해서 세계적인 대기업으로 성장하는 데 성공했다. 현대 중공업 창립 당시 조선소의 기본인 도그도 없는 허허벌판에 조선소 청사진을 들고 영국으로 가서 은행 돈을 빌리고 기술을 빌리는 약정서만 갖고도 선박을 수주했다.

　그는 검소하기로 유명했고 자는 시간에 돈을 못 버는 것이 아까워 늦잠을 잘 수 없었다. 매일 아침에 무엇인가 새로운 것을 기대하는 설레임으로 하루를 시작했다고 하는데, 이는 그의 창의적인 마인드를 보여주는 것이다.

1962년 젊은 음악도 네 명이 긴장한 얼굴로 데카 레코드 회사의 간부들 앞에서 첫 번째 레코딩 오디션을 받았다. 간부들은 아무런 인상도 받지 못했다. 훗날 '비틀즈'라고 불리는 영국 록그룹이 된 이들 젊은이에게 한 간부는 "우린 자네들의 소리가 맘에 들지 않아. 통기타를 쳐대는 것은 이미 한물 갔거든" 하며 이들을 내쳤다. 하지만 이들은 1960년대 세계 최고인기를 누리는 대중음악 그룹으로 성장했고, 엘리자베스 2세로부터 대영제국 훈장을 받았다.

그랜드 올 오프리의 매니저 짐 데니는 1954년 단 한 번의 공연을 한 뒤에 곧바로 엘비스 프레슬리를 해고했다. 그는 프레슬리에게 "자넨 음악적인 미래가 없어. 트럭 운전수로 돌아가라구" 하며 소리쳤지만, 엘비스 프레슬리는 훗날 미국 역사상 가장 사랑받는 대중 가수가 되었다.

1952년 에드먼드 힐러리는 세계 최고봉인 8,800m 높이의 에베레스트 정복에 도전했다. 도전에 실패하고 나서 얼마 뒤 그는 영국의 어떤 모임에서 강연 요청을 받았다. 연단 앞으로 걸어나온 힐러리는 주먹을 들어 벽에 걸린 에베레스트 사진을 향해 큰소리로 외쳤다. "에베레스트여, 처음엔 네가 날 이겼다. 하지만 다음 번에는 내가 널 이기겠다. 왜냐하면 넌 이미 성장을 멈췄지만 난 계속해서 성장하고 있기 때문이다." 불과 한 해

뒤에 그는 에베레스트 최초 등반자로 역사에 기록되었다.

■ 월드컵과 함께 한다는 사실이 만족스럽다 (일에 대한 열정)

▶ 2000년 12월 18일 축구회관에서 히딩크 감독은 국가대표 감독으로 계약을 맺은 뒤 기자회견에서 "축구에는 늘 돈이 따라다니지만 축구인으로서 월드컵을 함께 한다는 사실이 만족스럽다. 돈의 액수보다는 한국에서 스포츠를 계속한다는 것이 더 중요하다"고 말했다.

▶ 히딩크 감독은 월드컵 출사표에서 "만약 6월을 끝으로 한국을 떠난다 해도 소중한 추억으로 남아 있을 것이고, 한 가지 분명한 것은 16강에 관계없이 지금의 나는 한국팀의 감독이고 앞으로도 한국팀 감독이다"고 말했다.

┌─ 일에 대한 열정 사례 1 ─────────

GE 전 회장 잭웰치는 1만 8천 명에 달하는 GE의 핵심리더들을 크론토빌에서 직접 만나 한 달에 한두 번, 최소 4시간 이상을 강의했다.

그는 직원들에게 "A등급 직원을 정의하는 자질이 무엇인가"를 묻고, 그 대답으로 항상 '열정'을 제시했다. 회사의 발전설비 사업부는 첨단기술과 다양한 제품을 보유하고 있음에도 불구하고 구성원의 열정이 부족하다는 이유로 정리했다.

서두칠 전 한국전기초자 사장은 1997년 12월부터 망가질 대로 망가진 한국전기초자의 경영을 맡았다. 그를 맞이한 것은 77일간의 장기파업으로 엉망진창이 된 공장이었다.

그는 이때부터 회사 정상화를 위해 3년간 추석, 설 연휴도 없이 일에 매달렸다. 인근에 16평짜리 아파트 한 채를 얻어 독신 생활을 시작했다. 혼자서 밥을 짓고 빨래도 직접 했다.

그가 가장 먼저 한 일은 파업으로 손을 놓은 직원들을 일자리로 복귀시키는 것이었다. 당장 고용보장 각서를 요구하는 노조 간부에게 "생산성과 품질향상을 책임져 달라. 그러면 단 한 사람도 퇴출시키지 않겠다"고 밝혔고 이 약속을 3년간 지켰다.

그는 장부상 재고로 남아 경영실상을 왜곡해온 200만 개의 불량품을 모두 깨버렸다. 직원들의 마음을 다잡기 위해서였다. 공장은 먼지 하나 없는 깨끗한 곳으로 변하기 시작했다.

그는 회사의 모든 정보를 공개했다. 그는 재고의 불량수준과 경쟁사 동향 등 기업 비밀까지 완전 공개하고 자발적인 협조를 요청했다. 1997년 12월 한 달 동안 직원을 상대로 한 경영현안 설명회만도 17차례나 했다. 그는 기업의 모든 걸 송두리째 바꾸는 혁신을 했다. 서 사장의 노력으로 회사는 3년 만에 차입금

제로(0), 부채비율 37%의 초우량 기업으로 다시 태어났다.

■ '히딩크 스코어'라는 비난에도 My Way (장기적 안목중시)

히딩크 감독은 "히딩크 스코어"라는 비난에도 불구하고 인기에 영합하지 않고 계획된 프로그램에 따라 목표에 집중했다.

▶ 2001년 2월 두바이 4개국 친선대회 출전 전 우리 팀의 우승 열망에 대해 히딩크 감독은 "우리의 목표는 2002년 월드컵 16강"이라고 했다.

▶ 그는 2001년 5월 컨페더레이션스컵에서 프랑스와의 0:5 참패, 이어 2001년 8월 유럽 전지훈련에서 체코와의 평가전에서 0:5 참패하자, "오대영"이라는 별명까지 얻게 되었고, 일각에서는 유럽 축구를 잘 아는 감독이라 유럽 축구의 징크스에서 벗어나기가 더욱 어렵지 않느냐는 우려까지도 있었다.

이에 대해 그는 "앞으로도 강팀과 경기를 치르다 보면 지는 경우가 많을 수 있지만 중요한 것은 내년 월드컵"이라고 '마이 웨이'로 일관했다.

▶ 그는 월드컵 때 토탈사커를 구사하기 위해서는 90분 내내 뛸 수 있는 체력과 유럽 선수들과의 몸싸움에서 밀리지 않는 강한 체

력에 있다고 판단하고 선수들에게 체력강화를 주문했다.

장기적 안목 중시 1

GE 잭웰치는 1980년 12월 취임한 이래 2001년 9월 퇴임까지 끊임없는 구조개혁을 주도했다. 그는 비효율 사업분야의 매각과 새로운 분야 진출로 변화관리에 힘썼다. 그는 또한 가혹하게 해고와 감원을 단행해 한때 그가 지나가고 나면 건물만 남고 사람은 없어진다는 의미의 '중성자탄'이라는 별명을 얻기도 했다. 실제로 그는 틈만 나면 "경영자는 극렬 파괴자여야 한다"고 말했다.

이러한 장기적인 구조개혁으로 그는 많은 불만을 들었지만, 그의 재임기간 동안 연평균 24%의 이익률을 기록하며 세계 최고기업으로 거듭났다.

장기적 안목 중시 2

일본 도쿠가와 시대의 일이다. 아카호라는 곳에 소금이 많이 나자, 그곳 상인들은 소금을 만들어 팔 수 있도록 영주에게 여러 차례 제염허가를 신청했다. 그러나 영주는 아무런 회답을 주지 않고 엉뚱하게 산에 나무 심는 일에만 몰두했다. 그러다가 영주가 죽고 그의 아들 오이시 요시오가 새 영주가 되었다. "새 영주는 영리하고 똑똑한 분이니까 우리의 청을 꼭 들어줄 거야" 하며 상인들은 또다시 제염허가를 신청했다. 그러나 새 영주 역시 산에 나무 심는 일에만 정신을 쏟았다.

그로부터 십 년 뒤 제염허가가 떨어졌다. "서류를 검토하는데 십 년이나 필요했단 말이오?" 상인들의 항의에 오이시 영주는 나지막한 목소리로 다음과 같이 설명했다. "나도 제염신청을 받자 바로 허가해줄까 생각했다. 그러나 막 돌아가신 아버님의 깊은 뜻을 깨달았다. 우리 영지 내의 산에는 나무가 적다. 그러나 만일 장작불을 많이 때야 하는 제염을 하게 되면 얼마 안 가 산들이 벌거숭이가 되어 땔나무를 구할 수 없어서 제염을 그만둘 수밖에 없을 것이다. 그래서 나도 제염허가를 내주지 않고, 산에 나무를 계속 심기 시작한 것이다. 저 산들을 보아라. 이제 산이 저만큼 무성해졌으니 아무 염려가 없지 않겠느냐?"

이때부터 아카호는 제염업이 번창하여 소금의 명산지가 되었다.

■경기시 목표 제시 (비전 제시)

▶ 히딩크 감독은 월드컵 50일을 남겨두고 "날마다 1%씩 실력을 쌓아가면 본선에서 좋은 성적을 낼 수 있다"고 말했다.

▶ 월드컵 한 달 전 그는 "이번 대회에서 역사를 만들기 위해 노력했다. 역사의 현장을 지켜봐달라"며 "세계는 우리를 주목하지 않았다. 그러나 우리는 세계를 놀라게 할 것이다"고 말했다.

▶ 조별 마지막 경기인 포르투갈 경기 전 그는 "나는 승리에 굶주려 있다"고 말했다.

- 16강 확정 후 "아직도 배가 고프다"
- 8강 확정 후 "우리의 꿈은 계속 된다"
- 스페인 경기 전 "스페인은 내 마음에 있다"
- 4강 확정 후 그는 "우리의 꿈은 이루었고, 앞으로도 우리 꿈은 계속 될 것이다"고 말했다.

─ 비전 제시 사례 1 ─

소련이 1957년 세계 최초로 스푸트니크 호를 발사하자 미국은 깜짝 놀랐다. 1961년 케네디 대통령은 「국가의 급무와 현상에 관한 특별교서」를 제출하여 "1960년대가 끝날 때까지는 인간을 달세계에 착륙시켰다가 무사히 지구까지 귀환시키는 목표를 달성시키고 싶다"고 비전을 제시했다.

급기야 미국은 1969년 7월 16일 아폴로 11호로 인간을 달에 착륙시켰다.

─ 비전 제시 사례 2 ─

삼성은 이건희 회장이 1987년 취임 이후 '제2의 창업'을 선언하면서 '21세기 초일류 기업'이라는 비전을 제시했다. 당시 삼성 내부에서도 반신반의하는 사람이 많았다. 21세기라는 말도 생소한데다 한국 기업이 세계일류가 된다는 것은 상상하기 힘

들었다.

그러나 2002년 7월 24일 미국의 시장조사기관인 IC인사이츠
가 "삼성전자가 일본 도시바 등을 제치고 인텔에 이어 반도체업
계 2위로 올랐다"고 발표했다.

LG그룹 구본무 회장은 "1등 LG는 '이기는 경영'의 결정체"라
며 구성원들에게 '경쟁에서 이기는 경영'을 만들어내는 것이 경
영자의 역할이라고 강조했다. 그는 이어 "기업에 있어서 경영은
'성과'로 평가받는 것"이라고 전제하고는 "진정한 성과란 경쟁
사에 확실한 우위를 점하는 것을 뜻하며, 자기 만족이 아닌 시
장으로부터 냉정하게 최고라는 평가를 받아야 한다"고 밝혔다.

■그들의 순수함이 나를 들뜨게 한다 (신뢰경영)

히딩크 감독은 월드컵 출사표에서 "나는 한국 선수들을 대단히 사
랑한다. 그들의 순수함이 나를 들뜨게 한다. 우리 선수들은 자신의
몸값보다 월드컵 자체를 영광으로 생각하기 때문이다"고 말했다.

LG투자증권은 사장의 'CEO 기프트(gift)', 'CEO 카드',

'CEO 커피' 프로그램을 운영하고 있다.

'CEO 기프트'란 직원을 격려할 때 지급하는 상품권, 'CEO 카드'는 자격증 취득, 입사, 승진시 사장이 손수 보내는 축하카드, 'CEO 커피'는 사장이 불시에 사무실이나 지점을 방문, 야근 직원들이나 조기출근 직원들에게 건네는 커피 한 잔을 말한다.

CEO의 작은 배려를 통해 신뢰경영의 핵심 축인 의사소통 채널을 구축한 예다.

■ 엄격한 단체생활 (조직중시경영)

▶ 히딩크 감독은 자율적인 분위기 속에서도 단체 행동시 복장통일, 식사시간 엄수, 휴대폰 사용금지, 외출금지 등의 규율을 정하고 이를 어기면 내쫓겠다고 했다.

▶ 복장통일은 선수들간의 일체감을 조성하기 위함이요, 휴대폰 사용금지는 훈련시 집중력을 높이기 위함이다. 그는 일상생활의 모든 부분을 팀워크로 연결시켰다.

조직중시경영 사례 1

미국 AT&T의 한 사업부로 BCS(Business Communication Systems)가 있다. 이 회사는 전세계 대기업과 중소기업을 위한 커뮤니케이션 시스템을 설계·개발·판매·지원하는 특권을 가진 AT&T의 오른팔이었다.

하지만 이 회사는 1990년대 초 규제완화와 경쟁심화로 인한 매출감소로 수년 동안 적자를 면치 못했고, 몇 번의 혁신 노력도 수포로 돌아갔다. 종업원들은 수년간의 사업규모 축소에 따른 강제적인 감원으로 사기가 땅에 떨어져 있었으며, 그들이 제공하는 서비스에 고객들의 불만은 높아만 갔다.

이러한 상황에서 1993년 패트 루소(Pat Russo)는 BSC의 사장으로 임명되었다. 그녀는 취임하자마자 다음과 같은 비전을 제시했다.

1. 조직의 희생에 필요한 재정적 건전성 확보
2. 최상의 고객만족도를 달성하는 데 필요한 조직
3. 모든 종업원의 사기 진작과 자신감 회복

그녀는 회사 경영진의 힘과 경험을 최대한 활용하려 했다. 그녀는 "우리가 머리를 맞대고 협력하면 어떠한 어려운 문제라도 해결할 수 있다"는 경영철학을 가지고 있었다.

루소 사장은 강력한 팀워크가 무엇보다도 중요하다고 믿고 있었다. 사장으로서 경영진과의 첫 회의에서, 리더 한 사람 한 사람에 대해 변화의 주역으로서 거는 기대는 명백했다.

그녀는 경영진들에게 자신이 구상하고 있는 문화적 환경과 변화를 믿고 따를 것인지의 여부를 물었다. 단합된 팀의 일원이 될 수 있다고 하는 사람만 남았고 그렇지 않은 경우에는 회사를 떠났다.

일단 팀이 구성되자 그들은 조직의 장애물을 극복해나가기 위해 협력했다.

이 회사는 강점에 더욱 주력하기 위해 수익성이 낮은 품목은 제거해야만 했다. 비효율적인 기존의 프로세스는 중단하고 생산성과 성과를 동시에 향상시킬 수 있는 주력분야에 집중하고 고객서비스를 증대할 수 있는 방향으로 목표를 잡았다.

이에 루소는 과거의 문화와는 다른 문화 조성이 중요하다고 믿었다. 이 새로운 문화는 사람들이 어떻게 행동하고 어떻게 대우받을 것인가에 커다란 변화를 가져올 것이고, 각자의 재능과 능력을 효율적으로 발휘할 수 있도록 할 것이라고 믿었다.

루소는 "자신의 부하 직원들이 뇌를 집에 놔두고 와, 모든 매니저들이 항상 할 일을 지시해줘야 한다고 믿고 있는 중간관리자가 있어서는 안 된다. 우리는 모든 사람이 각자 책임을 지는 문화가 필요하다. 모든 종업원들이 자유롭게 이야기하고 질문하고 리더가 되고자 하는 그런 문화가 필요했다. 우리의 의사결정이 본사에서 이루어지는 것이 아니라 이루어져야 할 곳에서 이루어지는 문화가 필요했다"라고 회고했다.

이러한 문화적 변화는 루소와 경영진의 커뮤니케이션 노력에 의해 이루어졌다. 사내방송을 통해 각종 정보를 전달하며 공개적인 의사소통을 강화했다. 크고 작은 회의에서 이루어지는 솔직한 대화의 가치, 그리고 회사 업무를 보다 효율적으로 할 수

있을 것인지에 대한 각자의 견해를 이야기하는 것이 중요하다
고 강조했다. 루소는 직원이 언제라도 접할 수 있도록 자신의
사무실 번호를 공개하고 집에도 별도의 전화를 설치했다. 그녀
는 직원들이 직속상관을 뛰어넘어 의사소통을 하도록 했고, 조
직 내에 계급의식을 제거하려고 노력했다.

그녀는 또한 커뮤니케이션과 계급의식을 제거하기 위해 '사
장에게 묻기(Ask The President) 프로그램'을 실시했다. 이 프로
그램은 그녀가 직원들로부터 정보를 얻고 피드백하기 위한 직접
통로 역할을 했고 직원들의 호응을 얻어 새로운 조직문화에 흡
수되었다.

루소와 경영진은 회사의 조직문화를 혁신하기 위해 목표 달
성을 저해하는 장애물을 제거해야 한다는 것을 알고 있었다. 그
녀는 이러한 장벽들을 극복하기 위해 기존의 틀에서 훨씬 벗어
난 방법의 '돌파 프로그램(Break Through Project)'을 추진했다.
"신상품을 개발하는 데 걸리는 시간을 반으로 단축하는 것과 같
이 과감한 목표를 세웁니다." 이러한 방법으로 그들은 고객들의
욕구를 충족시키면서 재고 수준을 낮추고 신제품을 개발하는
그들의 목표를 달성할 수 있었다.

루소는 종업원의 노력을 신뢰하고 그들의 성공에 대해 더 많
이 생각하고 기대할 수 있도록 격려했다.

1996년 유럽선수권대회에서 백인 노장선수와 흑인 소장선수 간의 갈등으로 네덜란드가 8강에서 탈락했다.

그 당시 감독이었던 히딩크는 흑인 소장파의 대표주자 다비즈를 대표팀에서 방출하는 등 강경책을 구사, 팀 분위기를 수습하여 1998년 프랑스월드컵에서 4강의 위업을 달성했다.

2. 제도문화

선수 선발·육성과 전술훈련 및 체력증진훈련 등에 대한 앞의 계획이나 「경영전략」 중 마케팅전략을 제외한 조직전략, 생산전략, 재무전략, 정보전략 부분의 내용이 해당된다.

3. 행동문화

감독의 행동, 언어, 태도 등에 대한 계획이다.

■ 오버(over)는 퇴출 (원칙과 규율 중시)

▶ 히딩크 감독은 2001년 1월 홍콩 칼스버그컵 파라과이전에서 골문을 비워둔 채 공을 몰고 나가다 인터셉트 당해 위기를 자초한 골키퍼 김병지를 대표팀에서 8개월간 제외시켰다.

▶ 그는 또한 2002년 1월 북중미골드컵 때 이천수의 대범하고 자신만만한 플레이를 인정하면서도 게임 중 개인 플레이가 나올 때면 언제든 팀에서 제외시키겠다고 경고했다.

▶ 히딩크 감독은 선수의 개인과 전술상 실수는 덮어두지만 정신적 실수는 용서하지 않았다.

▶ 히딩크 감독은 자유시간은 자유롭기 그지없지만, 훈련시간에는 그의 눈에 독기가 서린다. 부상 선수라도 훈련장에서는 파이팅을 요구했다.

─ 원칙과 규율 중시 사례 1 ─────────

어느 날 밤, 나폴레옹은 아군의 경계태세를 살피기 위해 적진 가까이에 있는 진지를 순찰했다. 그때 갑자기 으슥한 곳에서 정지를 알리는 보초의 명령이 들렸다. 나폴레옹은 위엄있는 목소리로 "나는 나폴레옹이다. 너희들이 경계를 잘 서고 있는지 살피러 왔다. 어서 나를 통과시켜라"고 말했다. 그러나 보초는 나폴레옹의 통과를 거절했다.

나폴레옹은 계속해서 통과시키기를 명령했고, 이 보초병은 원칙을 얘기하며 누구도 예외가 될 수 없다고 말했다. 할 수 없이 나폴레옹은 자기 막사로 돌아왔다.

그리고 다음날, 날이 밝기가 무섭게 고집불통이던 간밤의 그 보초를 불러 물었다. "자네, 간밤에 나를 통과시켜주지 않은 데 대해서 어떻게 생각하나?"

"프랑스를 위해서 싸우는 군인으로서 맡은 바 임무를 완수했다고 생각합니다. 간밤에 장군님을 통과시키지 않은 것이 죄라면, 그에 대한 벌을 받겠습니다." 보초병의 당당한 말이었다.

원칙과 규율 중시 사례 2

윤봉길 의사의 의거가 있은 직후, 도산 안창호 선생은 김구 선생으로부터 일제가 민족주의자들을 잡기 위해 혈안이 되어 있으니 급히 몸을 피하라는 전갈을 받았다.

그런데 도산 선생에게는 한 동지의 어린 아들과 약속이 있었다. 그 아이의 생일이었기 때문이다. 그 약속을 지키자면 일본 헌병에게 잡힐 것이 불을 보듯 뻔한 일이었지만, 도산 선생은 생명의 위험을 무릅쓰고 아이와의 약속을 지켰다. 이 약속으로 도산 선생은 일본 헌병에게 잡혀 목숨을 잃었다.

원칙과 규율 중시 사례 3

GE 회장 잭웰치는 관리자 평가에서 업무역량보다는 가치의 확립을 강조했다. 회사가 내세우는 가치란 현실직시, 도덕성, 세계화, 벽 없는 조직, 신속성, 권한위임 등이었다. 그는 관리자를 4가지 유형으로 나눴다.

첫 번째 유형은 재무성과를 비롯한 그밖의 성과를 올리고 가치들도 공유한다.

두 번째 유형은 성과는 달성하지 못하면서 가치도 공유하지 않는다.

세 번째 유형은 성과는 달성하지 못하지만 가치는 공유한다.

네 번째 유형은 성과는 달성하지만 가치를 공유하지 않는다.

두 번째와 네 번째 유형의 관리자는 회사의 가치를 공유하지 못하였으므로 회사를 떠나야 했지만, 세 번째 유형의 관리자에게는 다시금 기회가 주어졌다.

■ 경기 중 호칭 사용금지와 식사방법 변경 (수평적 커뮤니케이션)

▶ 히딩크 감독은 경기 중에는 선후배간에 '형'이란 호칭 대신에 이름을 부르게 했다. 선후배간 이름의 사용은 경기장에서 의사소통을 원활하게 하여 조직력을 살릴 수 있고, 일체감을 주게 된다. 그는 항상 선수간에 의사소통을 중시했다.

▶ 선수들의 식사는 고참은 고참끼리, 신참은 신참끼리 하는 식사 형태였으나, 히딩크 감독은 선후배간의 대화가 팀 분위기 활성화에 필수조건이라고 생각하고 선후배가 같이 하는 식사를 강제했다.

▶ 식사시간도 과거에는 5분 정도에 불과했으나, 충분한 대화를 의도적으로 유도하기 위해 1시간씩 식사를 하도록 강제했다.

미국 택배회사인 페더럴 익스프레스(Federal Express)사는 My opinion counts라는 구성원 설문조사를 통해 사업전략, 리더십, 수행직무 등에 대한 구성원의 의견을 파악하고 이를 조직운영 및 정책에 적극적으로 반영하여 큰 성과를 거두고 있다.

또한 상향평가의 경우에는 종업원들이 경영진의 리더십을 정기적으로 평가하고 개선 포인트를 피드백함으로써 리더십의 질을 높이는 데 기여하고 있다.

이 회사에는 공정대우보장제도(Guaranteed Fair Treatment)도 있다. 이는 CEO와의 대화채널을 늘 열어놓는 'Open door' 정책에서 더욱 발전한 것으로, 종업원과 감독자 사이에 갈등이 생겼을 때 감독자의 상사에게 불만을 제기하도록 독려하는 제도다.

이 제도는 5단계의 절차를 밟아간다. 우선 문제점을 직속상사와 토의한다. 직속상사의 상사는 문제점을 검토하게 된다. 사업부서장은 이 문제를 다시 검토하면서 해결책을 찾지만 해결이 되지 않으면 심사위원회를 구성한다. 5명의 심사위원 중 3명은 종업원이 지명한 후보군 중에서 선정된다. 항소위원회도 있다. 심사위원회의 결정에 대해서도 승복할 수 없을 때는 CEO와 최고 운영책임자 인사담당 부사장 등으로 구성되는 항소위원회가 판단을 한다.

이 회사의 창업자인 스미스는 1982년 이 제도를 정착시키면서 공정대우보장제도의 내용이 적힌 액자를 만들어 모든 사업

장에 내걸도록 지시했다. 종업원들이 회사에 대한 신뢰를 유지
하고 있는 배경에는 불만을 공정하게 해결해주려는, 장기간에
걸친 노력이 있었다는 이야기다.

(주)태평양의 서경배 사장은 2002년 7월 3일 직원 조회를 갖
고 전격적으로 '호칭 파괴'를 선언했다. 서 사장은 "서로의 이름
을 불러줌으로써 새로운 기업문화를 발전시켜 나가자"고 강조
했다.

이에 모 간부는 "이번 호칭파괴는 직원간 의사소통을 활성화
해 21세기형 창조적 사고의 바탕을 조성하기 위한 첫걸음"이라
며 "연공서열이 완전히 무너진 보다 활발한 사내 분위기가 만들
어질 것으로 보인다"고 말했다.

이 회사는 새로운 호칭문화를 정착시키기 위해 임원, 사업부
장, 팀장급 등 상위 직급자의 솔선수범을 유도하는 한편, 이에
따른 각종 이벤트를 실시할 계획이다. 또 계열사와 협력업체 등
으로 이같은 제도를 확산시킬 방침이다.

GE 회장 잭웰치는 회사를 "비관료적이고 장벽이 없는 조직
문화"로 만들기 위해서는 모든 구성원의 참여와 노력이 필요했
다. 이들을 끌어들이기 위해 활용한 제도가 Work-Out이다.

워크아웃은 뉴잉글랜드의 전형적인 타운미팅(town meeting) 방식을 본뜬 것으로, 주민들과 마을 원로들이 함께 토론할 수 있는 대화의 장이었다.

GE의 워크아웃은 다양한 부서와 직위를 가진 직원들이 자신의 이름만 공개한 채 직위의 높고 낮음에 관계없이 회사문제에 대해 난상토론을 벌이는 자리다.

한국HP(주)에는 직원이 경영진이나 인사담당자에게 어떤 건의나 의견을 제개하더라도 불이익을 주지 않도록 보장해주는 HP의 열림정책(Open Door Policy)이 있다.

르노 삼성자동차의 조직원간 자유토론을 강조하는 '크로스 기능(Cross Function)'은 기업 내 토론문화를 확산시키는 원동력이 됐는데, 크로스 기능이란 프로젝트 관련 사업부서 담당자가 모두 모여 각자의 의견을 내놓고 합의점을 찾아가는 제도다.

■ 경기 결과에 대한 분석과 향후 대처방안에 대한 감독의 소신
(투명경영, 고객중심경영)

▶ 히딩크 감독은 선수훈련 과정이나 경기 결과 등에 대한 분석과 향후 대처방안에 대해 투명하게 감독의 소신을 밝혔다.

▶ 2001년 12월 1일 조추첨 결과 우리와 한 조인 상대팀에 대한 간단한 평가와 우리의 입장을 표명했다.

- 폴란드는 월드컵 지역예선을 쉽게 통과한 강팀이다.
- 미국은 파이팅이 좋고 열심히 뛰지만 약점도 있다.
- 포르투갈은 세계최고 수준의 청소년 팀을 바탕으로 잘 훈련 돼 있다.
- 우리는 상대팀에 대한 충분한 정보를 얻고 분석하기 위해 내년에 3개국을 직접 방문하겠다. 홈 이점은 힘이 되는 동시에 부담도 된다.

투명경영 사례 1

하영구 한미은행장은 2001년 5월에 취임하면서 이사회 운영방식을 완전히 뜯어고쳤다. 유명무실했던 이사회를 명실상부한 최고의사결정기구로 바꿔놓았고 이사회 운영의 투명성을 높였다.

하 행장은 이를 위해 우선 이사회를 사외이사 중심으로 개편했다. 13명의 이사회 멤버 중 절반이 훨씬 넘는 9명을 사외이사로 채웠으며, 사이버 이사회를 활용하여 사외이사의 참여를 유도했다.

또한 사외이사들이 효율적으로 업무를 처리할 수 있도록 전문성이 필요한 사안에 대해서는 외부 전문가를 지원하는 등 각종 지원을 아끼지 않았다.

이사회 운영의 투명성을 높이기 위해 이사회 의사록에 안건별 반대의견과 이유 등을 명기토록 했고, 이사회 안건은 10일 전에 배포하여 이사들에게 내용을 충분히 숙지토록 했다.

(주)태평양은 국내 화장품업계에서는 부동의 1위다. 서경배 사장은 4년간 준비작업 끝에 지난 6월 전사적 자원관리(ERP : Enterprise Resource Planning) 시스템을 가동하기 시작했다. 협력업체와의 정보공유, 빠른 의사결정 등 장점도 많다. 영업소별로 얼마나 판매했나를 한눈에 알아볼 수 있어 경영실적 공개는 저절로 된다. 투명경영의 전제조건이 되는 ERP 시스템은 제대로만 관리하면 돈 샐 틈이 없게 된다.

하지만 서 사장은 "시스템만으로 투명경영이 되는 건 아니고, 결국 시스템을 운용하는 것은 사람이다. 임직원간 신뢰가 쌓여야만 시스템도 제 구실을 할 수 있다"고 하면서 "신뢰로 시스템을 움직이고 여기에서 얻은 좋은 결과를 종업원에게 피드백하면 다시 신뢰가 쌓이는 선순환이 가능하다"고 강조한다. 여기서 피드백이란 다름 아닌 보상 시스템이다. 이 회사에서 이미 6년 전부터 연봉제를 시작한 것도 피드백을 확실히 하겠다는 서 사장의 경영방침 때문이다.

그는 또한 종업원과의 신뢰를 쌓기 위해 지키려는 첫 번째 덕목은 바로 '떳떳함'이다. 본인 스스로 떳떳하지 못한 일을 하지 않으려 노력한다. 법인 카드를 쓸 때도 '공적인 일이냐'를 꼼꼼히 따진다. 정기적인 포상 외에 팀별로 격려금을 줄 때는 반드시 본인의 호주머니에서 돈을 꺼낸다.

그는 영업사원 극기훈련에 한 번도 빠지지 않았고, 사내 강의에도 직접 나선다. 외부 약속이 없으면 구내식당에서 직원들과 식사를 같이 한다.

이렇듯 틈날 때마다 사원들과 가까이 하면서 친해지자는 것이 서 사장의 원칙이다. 일단 사람을 알아야 신뢰성을 높일 수 있다는 생각에서다.

고객중심경영 사례

미국 페더럴 익스프레스(Federal Express)는 택배회사의 성격상 '익일배달'을 최고의 서비스로 인식한다는 경영원칙이 있다. 이러한 경영원칙을 준수하는 직원이, 수거해야 할 소화물 수집통이 열리지 않자 수집통을 통째로 회사에 싣고 왔다는 일화가 있다.

■코치와 선수 이외에는 회의 참석 불가 (정도경영)

히딩크 감독은 코치진과 선수 이외에는 어느 누구도 대표팀 회의에 참석할 수 없으며 대표팀 버스에도 승차할 수 없었다.

　2000년 3월 경기도 오산지역의 경부고속철도 공사를 재개하려고 준비하던 중 감리를 맡은 독일 DEC사 감리단장은 공사에 들어가기 전에 땅을 1m 이상 파보라고 지시했다.

　땅이 얼었는지 확인하기 위함이었고 얼어 있는 땅에 흙 돋우기 공사를 할 경우 얼음이 녹으면 지반이 2~3mm 내려갈 수 있기 때문에 이를 방지하기 위함이다.

　철근을 묶는 철사선이 기준보다 한 개라도 모자라거나 콘크리트 붓기 작업을 할 때 레미콘, 다짐기, 인부 등 사전 준비를 철저히 하지 않으면 여지없이 공사 중단 명령이 떨어졌다. 철야 작업에도 DEC사 직원들이 24시간 꼬박 현장을 지켰다.

　충북 청원군 현도면 궁현2교의 경우 콘크리트 배합 때 혼합재를 약간 많이 썼다는 이유로, 근처 시목교는 콘크리트 두께가 기준치보다 모자란다는 이유로 몽땅 재시공해야 했다. 국내 시공사들로서는 추가되는 공사비에 통사정을 했건만 이들은 원칙을 고수할 뿐이었다.

　유한킴벌리는 화장지, 티슈 등 위생제지제품을 생산하는 비상장기업이면서도 모든 경영과정을 대주주는 물론 말단사원들에게까지 완전히 드러내는 대표적 기업이다.

　"투명경영이 뭐냐"는 질문에 문국현 사장은 한마디로 "신뢰

쌓기"라고 잘라 말한다. 그는 "전체 종업원들에게 감출 게 없는 상태"라고 자신있게 말한다.

전문경영인인 문 사장이 1995년 회사경영을 맡으면서 가장 먼저 시작한 작업도 '비밀없는 경영'이었다. 그는 "이것부터 시작했더니 기업운영이 술술 풀렸다"고 말한다. 우선 회사의 판공비, 기밀비 등을 없앴다. 또한 '눈도장 찍기'식의 경조사에 가지 않지만, 꼭 가야 할 경조사에는 개인 돈으로 한다. 일반 영업사원이 사용하던 접대비도 없애버렸다. 이러한 이유로 업계관행상 접대가 빠지지 않는 정부, 병원 등 기관상대 영업에서 실질적인 매출하락으로 이어지기도 했다. 일부 유통업체에서는 "너희가 별나게 군다고 관행이 바꿔지느냐"며 못마땅하게 여겼다.

어떤 유통업체는 6개월 이상 주요품목을 납품하지 못하게 한 적도 있었다.

문 사장은 일부가 누리는 음성적인 돈을 없애 경영에 투자하면, 결국 전국민이 혜택을 보게 된다는 게 신념이다.

회사는 재무구조를 투명하게 만든 결과 더 이상 감출 게 없었다. 정보 불균형을 없애려고 노력했다. 비디오 사보를 통해 종업원들과 모든 정보를 공유하고 있다. 이 비디오 사보는 대리점 직원, 납품업체 직원까지도 모두 돌려본다.

종업원들은 비디오 사보의 내용을 주제로 토론하면서 회사 발전을 위해 기탄없이 이야기를 나눈다. 문 사장은 "투명경영이 이루어지면 자율경영, 위임경영까지 가능해진다"고 말한다.

그는 결재라인을 8~9단계에서 2~3단계로 줄였다. 대부분 권한을 현장 실무자에게 넘겼기 때문에 모든 정보를 공개하고 원칙에 따르니 현장에서 충분히 처리할 수 있다.

그의 부임 이후 순이익은 7년 동안 7배 이상 크게 늘었다. 위생·가정·유아·여성·병원 등 8개 사업 분야에서 시장점유율 1위를 달리고 있다. 지난해에는 100% 무사고라는 기록까지 세웠다. 직장인들이 이 회사를 가장 일하고 싶어하는 회사 상위 리스트에 올려놓은 것도 이와 무관치 않다.

■비행기 좌석 및 숙소 등급 상향 조정 (직원중심경영)

▶ 비행기 좌석은 '이코노미클래스'에서 '비즈니스클래스'로, 숙소(호텔)는 '일반실'에서 '특실'로 상향조정했고, 1실 2인에서 1실 1인로 바꿨다.

▶ 선수들의 몸 상태가 경기에 지대하게 영향을 미친다는 것이 히딩크 감독의 지론이다.

직원중심경영 사례

미국의 생명-건강보험회사인 애플랙(AFLAC)은 "직원들에 대한 회사의 관심이 일에 대한 직원들의 관심을 고취시킨다"는 회사 창립 초기의 경영이념을 지속적으로 실천하고 있는 기업이다.

애플랙의 기업문화는 애정을 갖고 공평하게 직원들을 존중하라는 것이다. 보육 및 탁아시설에다 직원들의 성장을 위한 다양한 직업훈련, 개발 프로그램, 의료혜택 등을 제공하면서 근무의 욕을 북돋는 것도 여기서 비롯된다.

직원 훈련프로그램은 전문성 향상 교육, 사내직업훈련 등으로 구성돼 있다. 전문성 향상 교육은 직원들이 보험 지식을 넓힐 수 있도록 외부 관련기관의 프로그램을 이용하고 있다. 회사가 교재 제공은 물론 프로그램 등록비까지 지불해준다. 사내교육은 컴퓨터 교육에서 자기계발교육 등에 이르기까지 다양하며 무료로 실시되고 있다.

'능력 달성상(Proficiency Achievement Awords)' 이란 제도도 이채롭다. 1년간 까다로운 업무능력 배양교육을 받고 테스트를 통과한 직원들에게는 한 단계 승진과 함께 3%의 급여인상 혜택을 주고 있다.

■ 경기시 선수의 움직임에 따라 작전 지시 (현장중시경영)

경기시 히딩크 감독은 벤치에 앉아 있지 않고 선수의 움직임을 살피면서 소리치고 동작하며 작전을 지시했다.

미국 최대의 유통회사인 Wal Mart의 창설자 샘 월튼은 기업 내외부 고객의 동시 만족을 위해 사장이 직접 걸어다니며 현장을 확인하는 경영을 했다.

베네통(Benetton)사 사장은 일년 중 200일 동안은 변해가는 고객의 냄새를 맡기 위해 길에서, 비행기에서 그들과 함께 지낸다. 베네통사는 옷을 만들려고 계획하는 일이 없다. 도처의 지점에서 원하는 것을 그대로 만들어줄 뿐이다.

스위스 항공사(Swiss Air) 중역들도 공항창구에 근무하면서 고객으로부터 직접 의견을 듣는다.

벤츠사 중역들도 고객과 그들의 자녀까지 데리고 차 구경을 다닌다.

오락기 제조업체인 닌텐도사는 하루에도 수백 통의 고객전화를 받고 있는데, 그 속에는 불만과 개선점말고도 신제품 아이디어가 무한히 쌓이기 때문에 연구 직원은 그대로 개발만 하면 된다.

■ 히딩크 Goal Celebration (일에 대한 열정)

히딩크 감독은 신명을 끌어내는 화려한 Goal Celebration을 보였다.

미국 제록스사는 1980년대 초 큰 위기를 맞았다. 한때 96%까지 달했던 미국 내의 시장점유율이 45%까지 곤두박질치는 등 경영실적이 악화되고 있었다. 1981년 연례 주주총회에서 있었던 일이었다. 데이비드 컨스 회장이 주주들로부터 질문을 받고 있는 순간, 프랭크 에노스라는 기능공이 마이크 앞에 나섰다. 그가 컨스 회장에게 따지듯 물었다.

"새로 개발한 신형복사기가 고철덩어리에 불과하다는 것을 우리는 알고 있었습니다. 회장님께 알려드리고 싶었는데 우리에게 묻지 않은 이유는 대체 무엇입니까?" 비록 기능공에 지나지 않았지만 그의 목소리는 당당했고, 회사의 장래를 진심으로 염려하는 마음이 담겨 있었다. 컨스 회장은 아무런 답변도 못했지만 나중에 그의 의견을 겸허하게 받아들였다.

얼마 후 제록스는 전사적인 혁신활동을 펼쳤고 일본 경쟁사들의 활동을 조사하는 등 막대한 투자를 거듭, 마침내 빼앗겼던 시장을 되찾게 되었다.

시골서 중학교를 졸업하자마자 서울로 올라온 조태훈 씨가 허름한 직업소개소에서 일자리를 찾고 있을 때 마침 중국음식점 사장이 배달원을 구하러 그곳에 들렀다. 선뜻 자장면 배달을 하겠다는 그에게 사장이 물었다.

"왜 천대를 받는 이런 일을 하려 하나, 아직도 학생인 것 같은 데……."

"저도 놀고 싶지만 꼭 돈을 벌어야 해요. 뭐든지 열심히 할 수 있어요."

사장은 자장면 배달하는 것이 꽤나 힘든 일이라 그도 얼마지 않아 그만두겠지, 싶었다. 그러나 시간이 지날수록 오히려 새로운 아이디어를 내서 즐겁게 일하는 것이었다. '최강번개'란 글을 머리띠에 두른 그가 오토바이에 '번개'라는 깃발을 꽂고서 배달 나가는 모습을 본 사장은 대견스럽기만 했다. 그는 자장면 배달원을 천직으로 여기고 10여 년 넘게 열심히 일했다.

그러던 어느 날 다른 배달원과는 달리 깨끗한 복장, 탁월한 유머감각, 무엇보다 시간을 중시하는 그를 지켜보던 고려대학교 경영학 교수가 그에게 강의를 제안했다.

"자네의 철저한 프로 정신을 우리 학생들에게 가르쳐줄 수 있겠나?"

그는 기꺼이 승낙했고 강의도 물론 충실히 해냈다. 그는 이제 여러 기업에서 서비스 정신을 강의하는 유명강사가 되었고, 텔레비전에도 고정적으로 출연하는 인기인이 되었다.

■ 히딩크는 책벌레(Leader → Reader)

히딩크 감독이 전략에 능한 까닭은 그의 독서 습관과 무관하지가 않다. 그는 저녁시간 중 일정 시간을 할애하여 책을 본다.

그가 보는 책은 역사책, 소설 등 다양하다. 대표팀의 한 관계자는 "2002년 3월 유럽 전지훈련 때 그의 큰 가방에는 책만 잔뜩 들어 있었다"며 놀라움을 감추지 못했다. 비행기에서도 항상 이어폰을 귀에 꽂은 채 책을 보는 독서광이다.

> **독서 사례 1**
>
> 『네안에 잠든 거인을 깨워라』의 작가 앤서니 라빈스의 스승 짐 론(Jim Rohn)은 그의 제자에게 무언가 내용이 있고, 가치가 있고, 도움이 되며, 매일매일 새로운 것을 가르쳐줄 수 있는 책을 찾아 읽는 일이 먹는 일보다 더 중요하다고 가르쳤다.
>
> 짐 론은 "밥을 거르는 한이 있어도 독서를 거르지는 말라"고 했다. 그 덕분에 앤서니 라빈스는 매일 30분 이상은 책을 읽어야 한다는 생각에 사로잡히게 되었고, 스승의 이 말을 인생 최고의 신조로 삼고 살아간다.

이병철, 안철수, 마오쩌둥, 빌 게이츠, 손정의, 나폴레옹, 윈스턴 처칠, 빌 클린턴, 오프라 윈프리, 토머스 에디슨…….

이들의 공통점은 무엇일까?

책을 매일 20쪽만 읽어도 1년에 300쪽 분량의 책을 24권이나 읽을 수 있다. 어느 분야이든 그 분야와 관련된 책을 100권 정도 읽으면 그 분야의 전문가가 된다고 하니, 5년만 책에 투자하면 어떨까!

또한 Reading → Learning → Earning을 가져다준다.

■ 관람석을 향해 인사하다 (고객중시경영)

히딩크 감독은 8강 확정 후 대표팀을 성원해준 붉은 악마에게 먼저 답례하라고 선수들에게 지시했고, 4강 확정 후 응원단에게 인사하면서 볼을 관람석으로 차올려줌으로써 국민의 성원에 답했다.

IBM의 3대 신조 가운데 하나인 "고객에 대한 최선의 서비스 제공"에 관하여 다음과 같은 체험담이 있다.

벅로저스가 사업본부장으로 근무할 당시의 이야기다.

어느날 IBM 회장인 왓슨 2세로부터 그날 오후 3시에 회의가 있으니 참석하라는 연락을 받게 되었다.

그러나 벅로저스는 고객과의 선약이 있었으며, 그 고객과 어려운 상담을 하느라 그날 저녁 6시 30분에야 회의장에 도착했다. 평소 화를 잘 내지 않던 왓슨 2세도 그날만큼은 매우 화가 나서 시간에 늦은 이유를 추궁했다. 그때 벅로저스는 다음과 같이 대답했다.

"회장님께서는 평소에 '고객우선'이라는 말을 해오셨습니다. 제가 연락을 받았을 때는 업무상 중대한 문제로 뉴저지 주의 어느 고객과 상담하던 중이었습니다."

그러자 왓슨의 표정은 금방 부드러워지더니 입가에 미소를 띠고 말했다. "벅, 당신이 옳게 선택했소. 자, 회의를 합시다."

■ 골을 터뜨리고 히딩크의 가슴에 폴짝 안기다 (신뢰경영)

▶ 포르투갈전에서 박지성이 후반에 선제골을 터뜨리고 벤치로 달려가 히딩크 감독의 품에 폴짝 안기는 모습과 4강 확정 후 감독

과 선수들이 얽히고 설켜 하나되어 기뻐하는 행동을 보여주었다.

▶ 이탈리아와의 연장전에 감독이 선수 개개인의 얼굴을 쓰다듬어주며 선전을 부탁하는 모습과 그날 승리의 영광을 "23명, 벤치에 앉아 있는 모든 선수와 국민들에게" 돌렸다.

▶ 결승행 좌절 후 히딩크 감독은 "오랜 토너먼트에서 잘해준 우리 선수들이 자랑스럽다"고 말했다.

신뢰경영 사례 1

컨테이너 스토어는 포장용 박스, 여행용 가방, 부엌용 선반, 옷장 등 보관용 장비를 생산-판매하는 미국 회사다.

컨테이너 스토어는 기업경영에 6가지 독특한 원칙을 적용하고 있다.

1. 다른 사람들의 물통을 가득 채워줘라. 그렇게 하면 돈은 쉽게 찾아들어온다.
2. 고객이 사막 한가운데 서 있다고 생각하고 최상의 서비스를 제공한다.
3. 훌륭한 직원 1명을 뽑으면 세 사람 몫을 한다.
4. 일에 대한 창의성은 끊임없이 노력하는 가운데 얻어진다.
5. 고객에게 최상의 선택이 되도록 하고 가장 합리적인 가격을 제시한다.
6. 항상 활기찬 분위기를 유지한다 등이다.

회사는 거창한 경영이론, 액자 속의 경영철학이 아니라 언제든지 일상업무 속에서 활용할 수 있는 원칙에 의해 회사가 움직인다. 이 회사는 경영진과 직원, 직원과 직원, 고객과 직원, 협력 및 납품업체들 모두에 서로를 신뢰하도록 하는 원칙을 적용하고 있다.

예를 들어 납품업체 트럭이 들어와 물건을 부리고 나면 점원들이 트럭을 청소하고 말끔하게 정리정돈해준다. 납품업체가 쓰러질 경우 일정기간 제품을 보관해주기도 한다. 신입사원은 전 직원이 심사한다. 직원들이 평가한 내용을 존중해 입사자를 최종 결정한다.

CEO는 회사 어디를 가나 눈에 띄는 사람이다. 업무현장에서 수시로 볼 수 있는 사람이다. 티 안 내고 종업원과 같이 일하면서 강한 신뢰감을 짊어지고 있다. 파트 타이머는 중요한 시간대에 일손을 빌려쓰는 사람이라는 뜻으로 프라임 타이머(Prime Timer)라고 부른다.

신뢰경영 사례 2

제약회사 파이저의 구내식당은 미국 내에서 귀감이 되고 있다. 아침식사는 물론 집에 가서 저녁식사 준비할 시간이 부족한 종업원들을 위해 퇴근시 가족용 저녁식사를 포장 주문할 수도 있다.

CEO, 말단 구분 없이 줄을 서서 같은 공간에서 식사를 하는 것은 이미 상식이다.

미국 휴스턴에 자리잡은 소프트웨어 업체인 BMC는 허브향기가 짙게 밴 정원에서 요리사가 점심식사를 나눠준다. 사내에 은행, 가게, 세탁소, 미용실이 갖춰져 있다.

회사는 하나의 타운을 형성하고 있으며 공원인 동시에 대학 캠퍼스 같다. BMC는 일하기 좋은 일터의 수준을 넘어 살아가기 편리한 곳이다.

BMC처럼 일터를 단순한 직장이 아니라 일상생활의 공간으로 만들어야 한다는 사고는 일터에서 보내는 시간이 하루 24시간 중 대부분을 차지하게 되면서 큰 흐름으로 정착하고 있다.

한독약품 김영진 부사장이 생각하는 투명경영의 요체는 신뢰경영이다. 믿을 수 있는 기업으로 만들기 위해 노력하다 보니 저절로 투명경영을 추구하게 됐다는 설명이다. 신뢰경영은 한독약품 창업주인 김신권 회장 때부터 지켜온 경영철학이다. 사람의 생명에 관계되는 제약기업에서 가장 중요한 것이 바로 '믿을 수 있는 품질과 이를 통해 얻어지는 기업에 대한 신뢰'라고 판단했기 때문이다.

신뢰할 수 있는 기업을 만들기 위한 한독약품의 노력은 다각도로 이뤄진다.

모든 생산과정이 메뉴얼화되어 있어 여기서 약간이라도 벗어나면 바로 전 직원에게 알려 생산을 멈춘다. 각 라인 담당자가 자칫 자신의 과실을 인정해야 하는 상황이 올 수 있어서다. 이런 사태를 막기 위해 한독약품은 담당자의 책임을 일체 묻지 않는다. 또 계속적인 교육을 통해 인식변화를 끌어냈고 결과적으로 생산과정의 투명화를 이뤄냈다.

이 때문에 회사는 많은 손해를 감수한 적도 한두 번이 아니다. 3여 년 전, 모 업체로부터 위탁받아 생산하던 제품생산 라인에 미세한 문제가 발견됐다.

이 사실을 보고받은 김 부회장은 즉각 제품생산을 중지하고 위탁업체에 사실을 알렸다. 위탁업체 담당자는 고민 끝에 "그 정도면 큰 문제가 없을 것 같은데 그냥 가자"는 답변을 해왔다. 그러나 김 부회장은 전 생산품을 파기하고 납품을 지키지 못한 것에 대한 손해도 모두 부담했다. 그 일로 회사는 일시에 수억 원을 날렸지만 투명한 한독약품을 지켜내는 데는 성공했다.

한독약품을 설명하는 첫 번째 키가 '신뢰경영'이라면, 두 번째 키는 '합작기업'이라는 점이다. 파트너인 아벤티스파마(1999년 독일의 훽스트사와 프랑스 롱프랑로라사의 합병으로 이 회사가 새로운 파트너사가 됐다)라는 확실한 감시세력이 있는 만큼 투명경영은 당연한 얘기다.

이 회사는 요소요소에 파트너사의 인물이 있는 만큼 회사에 비밀이 발붙일 수 있는 공간이 없다. 재무는 미국 기준에 따라 재무담당자가 처리하는 분야라는 인식이 확립돼 있다는 것이

다. 이런 환경에서 법인카드를 개인 용도로 사용하는 것은 상상
도 못한다. 이렇게 투명하게 만들어진 모든 수칙은 전직원에게
공개된다. 온라인으로도 바로 모든 수치에 접근할 수 있지만 가
장 중요한 공개 통로 중의 하나는 김 부회장과 직원들과의 직접
대면이다. 그는 매달 한두 차례의 직원간담회를 거른 적이 없
다. 그는 이 자리에서 회사의 모든 사정을 소상히 알려주고 직
원의 질문에 답해주며 건의사항을 바로바로 시정해 결과를 알
려준다.

매년 두 차례 노조집행부와 영업회의에 참여해 노조대의원과
영업 관계자들에게 회사관련 브리핑을 한다. 이러한 노사관계
는 노조설립 35년 동안 한 번도 노사분규가 일어나지 않을 만큼
화합의 노사문화를 만들었다.

이렇게 다져진 경영의 기초는 1998년도에 도입한 전사적 자
원관리(ERP: Enterprise Resource Planning) 시스템으로 꽃을 피
웠다. ERP가 구축된 후 직원은 언제, 어디에 있든 각 제품이 이
달에 얼마나 팔렸고 여기에 소요된 경비는 얼마나 집행됐는지
등등 소상한 부분까지 모두 알 수 있게 됐다.

■ 인터뷰하려면 모두 하라 (조직중시경영)

▶ 히딩크 감독은 언론의 인터뷰가 스타 선수들에게 집중되자,

한 번 인터뷰한 선수는 앞으로 더 이상 공식 인터뷰를 할 수 없다고 못을 박기도 했다.

▶ 이러한 조치는 특정 선수에게만 언론의 조명을 받게 되면 자칫 팀워크가 깨질 우려가 있음을 사전에 방지하기 위함이다.

조직중시경영 사례

일본 Sony는 디지털 네트워크 시대를 맞이하여 "인간생활에 있어 기존에 없었던 즐거움과 편리함을 제공한다"라는 경영이념으로 기업을 경영하고 있다. 사업전략면에서 보면, 전통적인 주력분야인 AV 기기 등 디지털 디바이스를 비롯해, 영상, 음악 등 엔터테인먼트 사업, So-net, Playstation.com 등 네트워크 인프라 사업을 삼각 축으로 하여 이들간의 강한 연결과 시너지를 추구하는 방향으로 사업을 전개하고 있다.

이 회사는 이러한 사업 전략의 효과적인 실행을 위해 조직을 정비했는데, 그 근간이 되는 조직운영철학은 "통합과 분극의 경영"이라는 것이다.

'통합'은 여러 부문간에 강한 시너지 효과가 나타나고, 사업의 집행을 담당하는 현장 조직들이 전사적으로 일체감 있게 연결될 수 있도록 조직이 운영되어야 한다는 것이다. 소니의 사업전략에는 기본적으로 디지털 단말기, 정보 콘텐츠, 네트워크 분야를 일괄적으로 엮어 고객들에게 완결된 디지털 제품/서비스를 제공하겠다는 의도가 내포되어 있다.

조직운영의 통합 측면에서 이 회사가 우선적으로 역점을 두는 포인트는 강한 본사 기능의 구축에 있다. 기본적으로 본사는 사업 부문간 연결과 성과 모니터링, 정보관리, 재무 등에서 강한 역량을 가지고 현장을 효과적으로 리드할 수 있을 만큼 충분한 기능을 확보해야 한다는 입장이다.

'분극'은 각 현장의 사업조직들이 성과책임단위로서 자율성을 가지고 자기 완결적으로 움직일 수 있도록 권한과 책임을 부여하는 분권적 측면을 의미한다. 이러한 조직운영방식이 '컴퍼니(company)' 다.

회사는 주요 사업조직을 5개 부문으로 나누고, 각 컴퍼니가 독자기업에 가까울 만큼 자율권을 가지고 사내기업 형태로 운영하고 있다.

이 회사는 회사의 전략과 경영자의 철학에 바탕을 두고 자사 고유의 조직운영방식을 채택하고 있다. 이렇듯 조직운영방식에는 최선의 유일한 방식이 없다.

■활짝 웃고 있는 돼지 입에 봉투를 넣다 (친화력과 동질성)

국가대표팀 전용버스를 전달받던 날 안전운행과 우리 축구의 승리를 기원하는 고사를 지낼 때, 히딩크 감독은 우리 관습대로 활짝 웃고 있는 돼지 입에 봉투를 꽂아 넣었다.

항공료가 저렴하고 즐거운 여행을 보장하는 사우스웨스트 항공은 미국에서 노조활동이 가장 활발한 기업이다. 현재 전직원의 84%가 노조원이다. 파업건 수는 약 15년 전 정비사들의 단 한 차례 파업 외에는 없다.

이러한 노사화합문화에는 켈러허 사장의 탁월한 능력과 노력이 있었다. 노조원들은 회사의 발전이 자신들의 발전이라고 믿고 있기 때문이다. 그는 정비사들과 함께 밤을 새워가며 술잔을 기울이며 그들의 의견이나 건의사항을 듣고 나서 다음날 아침 출근하자마자 바로 문제점을 시정한다.

노사협상을 할 때면 노사 양측 대표들이 시급하다고 생각하는 안건에 대해서는 협상에 들어가기 전에 미리 직원들의 설문조사를 실시한다.

로마의 율리우스 카이사르(시저)가 스페인 지사로 임명되어 각 고을을 순시하던 중, 인구 50여명의 작은 마을 촌장과 만났다.

"촌장께서는 마을 사람을 통치하시느라 수고가 많으시지요?" 카이사르의 말에, 촌장이 확신에 찬 목소리로 대답했다.

"뭘요, 장군님과 똑같죠. 제가 이 마을 하나를 위해 애쓰는 거나 장군님이 로마제국을 위해 애쓰는 것이 무엇이 다르겠습니까? 다 같이 로마제국을 위해 하는 일이니 똑같은 거죠."

"옳으신 말씀입니다. 한 사람의 행복을 위해서 애쓰는 일이나, 만 사람의 행복을 위해서 애쓰는 일이, 알고 보면 똑같은 것이지요." 카이사르가 겸손하게 대답했다.

■ 세심한 배려 (세심한 배려)

▶ 히딩크 감독은 식사시간에는 선수들이 식사를 잘하고 있는지, 편식을 하는 선수가 없는지, 누가 무엇을 먹는지 등을 살핀다.

▶ 팀 미팅 때도 선수 좌석을 사전에 안배해 고참선수와 신인선수 간의 자유로운 토론을 유도한다.

세심한 배려 사례

미국 보잉사와 IBM에서는 결코 커피잔에 자국이 나지 않게 한다고 한다. 고객들에게 커피잔에 자국을 보임으로써 비행기의 정비상태가 불량하다든지, 컴퓨터의 애프터서비스가 엉망이라든지 하는 오해를 받고 싶지 않은 것이다.

■ 공부하는 자세

▶ 히딩크 감독은 2001년 5월 30일 컨페더레이션스컵에서 프랑
스에 참패한 뒤 코치들에게 우리 팀의 문제점과 다음 경기(멕시코)
에 대한 대비책을 리포트로 제출하라고 지시했다.

▶ 그는 또한 2002년 3월 6일 유럽 전지훈련시 그날 저녁에 스페
인컵 결승 레알 마드리드-데포르티보전을 TV로 보게 한 후 이날
경기에 대해 내일 아침 토론을 하겠다고 엄포를 놓았다.

4. 시청각문화

선수 유니폼 색상과 감독의 옷차림 등에 대한 계획이다.

■유니폼 색상이 어둡다

히딩크 감독은 "유니폼 색상이 어둡다"하여 붉은색 기조를 유지하되, 조금 밝게 해달라고 축구협회에 주문하여 대표팀의 유니폼 색상이 밝아졌다.

▶ 실제 밝은 옷을 입으면 근육의 긴장도가 높아져 칼로리 소모가 늘어나고, 상대팀의 적개심을 불러일으키는 것으로 알려져 있다.

■정장의 히딩크(경기를 하나의 의식으로 보고 격식을 갖추는
리더의 자세, 옷차림도 전략)

경기시 그의 정장은 이성적이고 통찰력있는 리더의 이미지와 스
포츠맨보다는 냉철한 비즈니스맨의 이미지로 흐트러짐없는 스타
일이다. 그는 한국팀의 얼굴이었다.

끝맺는 글

히딩크 감독은 500일 재임기간에 한국 축구사의 혁명을 일으켰고 한국 축구를 축구 주변국이 아닌 중심국으로서 당당히 변모시켰으며 축구의 양대 산맥인 유럽 축구와 남미 축구와는 다른 모델인 '한국형 축구'를 선보였다.

이와 같은 결과는 최고경영자의 자질이 기업의 성패를 가름한다는 것과 유능하고 소신있는 최고경영자를 영입하여 마음껏 역량을 펼 수 있도록 여건을 만들어주는 것이 그 무엇보다도 중요하다는 사실을 깨우쳐주었다.

한·일월드컵 축구대회 이전까지의 이미지를 벗어던진 대한축구협회의 환골탈태한 자기 변화는 놀랄 만한 일이었다. 나아가 이러한 자기 변화가 내 자신부터 시작하여 우리 사회 전반에 불길처럼 번져나가길 기대해본다.

한편 사례에서 보여주듯 21세기 지적 중심의 사회에서 기업의 경영방식은 사람이 중심이 되고, 경영자와 종업원이 신뢰하는 경영이어야 함을 새삼 느끼게 한다. 또한 모든 경영기법은 상통하고 있다.

즉, 고객중심경영→투명경영→신뢰경영→스피드경영→인재중시경영→자율경영→임파워먼트→포지션 파괴→패러다임 전환→공격경영 등으로 각각의 경영기법은 더 이상 홀로일 수 없다.

끝으로 히딩크(Guus Hiddink) 감독의 혁명적 성과는 우리 기업의 경영자들이 눈여겨봐야 할 훌륭한 성공사례다. 우연한 기회에 경영서적 어디에선가 "경영이 조화를 이뤄 극에 달하면 예술의 경지에 이른다"는 글귀를 본 적이 있다.

여기에서 생각을 가져와 그가 한국 대표팀 운영에서 보여준 체계적이고 전략적인 경영에 "예술경영(ART MANAGEMENT)"이라 명명하여 찬사를 보내고 싶고, 우리 모두가 자신부터 히딩크가 되길 바란다.

■ 해설

▶ "한국형 축구"란 유럽의 힘의 축구와 남미의 기술축구와는 다른 독자적인 선진화된 축구를 말하며, 다음과 같은 특징을 가지고 있다.

- 강인한 체력을 바탕으로
- 완벽한 멀티플레이어(다기능 포지션 플레이어)가 펼치는
- 공격 위주의 빠른 압박축구

▶ 한국 축구 신화창조의 날
- 2002년 6월 4일 월드컵 첫승(폴란드전 2 : 0 승)
- 2002년 6월 10일 첫 번째 위기돌파(미국전 1 : 1 무승부)
- 2002년 6월 14일 16강 확정(포르투갈전 1 : 0 승)
- 2002년 6월 18일 8강전 확정(이탈리아전 연장 후반 2 : 1 역전 승)
- 2002년 6월 22일 4강전 확정(스페인전 연장 결과 0 : 0 무승부 로 승부차기승 5 : 3)

▶ '말콤 발드리지 상'이란

1987년 미국은 말콤 발드리지 상(Malcolm Baldrige National Quality Award)이라는 제도를 만들었다. 당시 레이건 대통령이 취약해진 국가 경쟁력을 높이고 치열해지는 세계무역전쟁에서 이기기 위한 대안의 하나로 국가 품질개선 명령 100-107조에 의거, 당시 상무장관 말콤 발드리지에게 지시하여 이 제도를 입안하게 되었다.

로데오 광이던 발드리지 장관은 같은 해 낙마로 사망했으나 그의 치적을 기리기 위해 이 상을 통상 '발드리지 상'이라 부른다.

■ 참고 문헌

김동한,『직장인 의식혁명』, 월드지식인 교육원, 2001

김정석,『무한대경쟁시대의 경영혁명 패러다임 전환』, 명진출판사,
    1994

미야에이지, 변명식 옮김,『경영전략사전』, 한국산업훈련연구소,
    1997

밥 로스, 김광수 옮김,『유머 비즈니스』, 시아출판사, 2002

수진 E. 머턴스 · 허먼 메이너드 2세, 한영환 옮김,『제4 물결』, 한
    국경제신문사, 1993

스튜어트 크레이너, 송일 옮김,『75가지 위대한 결정』, 더난출판
    사, 2000

앤서니 라빈스, 이우성 옮김,『네안에 잠든 거인을 깨워라』, 씨앗을
    뿌리는 사람, 2002

윤정민,『CEO 히딩크』, 하서출판사, 2002

이동현 · 김화성,『CEO 히딩크-게임의 지배』, 바다출판사, 2002

이상문,『글로벌시대의 초일류기업』, 명진출판사, 1994

이인석,『히딩크 리더십』, (주)리더스, 2002

임창희,『한국형 팀제』, 삼성경제연구소, 1995

장세진,『경영전략』, 박영사, 1997

잭웰치, 이동현 옮김,『끝없는 도전과 용기』, 청림출판사, 2001

최영균 외,『세계가 놀란 히딩크의 힘』, 중앙 M&B, 2002

키이스 텐튼, 김용구 · 김범성 옮김,『수평경영』, 21세기 북스, 1995

톰 피터스, 안중호 옮김,『경영파괴』, 한국경제출판사, 1995

톰 피터스, 이일수 옮김,『경영파괴』, 한국경제신문사, 1995

피터 드러커, 이재규 옮김,『21C 지식혁명』, 한국경제신문사, 1999

피터 드러커, 이재규 옮김,『변화리더의 조건』, 청림출판사, 2000

피터 드러커, 이재규 옮김,『이노베이터의 조건』, 청림출판사, 2001

피터 드러커, 이재규 옮김,『프로패셔널의 조건』, 청림출판사, 2000

홍준기,『1퍼센트 경영』, 현대미디어, 2002

K-SPEC · 2020 추진반,『자신이 먼저 변해야 한다』, 한국전력기술 주식회사, 1994

K-SPEC · 2020 추진반,『한기문화』, 한국전력기술주식회사, 1994 ~1999

■ **참고 자료**

김대홍, 지식경제리포트 창간호, 현대경제연구원, 1999. 1. 25.

김태홍, 지식경제리포트 제2호, 현대경제연구원, 1999. 2. 10.

윤성한, 지식경제리포트 제18호, 현대경제연구원, 1999. 2. 22.

이춘근, 「소니의 조직운영 철학」, 주간경제 646호, 2001. 10. 24.

최병권, 「일류기업의 인재중심경영 실천사례」, 주간경제 666호,
   2002. 3. 13.

허   진, 「구성원들의 Loyalty가 필요할 때다」, 주간경제 666호,
   2002. 3. 13.

장성근, 「신뢰경영의 성공 포인트」, 주간경제 672호, 2002. 4. 24.

이승일, 「기업경영의 새 키워드 'Fun'」, 주간경제 673호, 2002. 5. 1.

이창엽, 「CEO, 전술가 아닌 전략가여야 한다」, 주간경제 684호,
   2002. 7. 17.

김기현, 「윤리기업의 시대」, 주간경제 687호, 2002. 8. 7.

조영호, 「기업문화」, 인사관리, 1993. 10

한전기술교재, 「변화주도 리더십」, 한국생산성본부, 2002. 3

이상호(숭실대 교수), 매일경제 ECONOMY, 2002. 4. 10.

김병수 기자, 매일경제 ECONOMY, 2002. 4. 10.

이진상(메타B 경영연구원 대표), 매일경제 ECONOMY, 2002. 5. 22.

정선욱(자유기고가), 매일경제 ECONOMY, 2002. 6. 16.

이기동 차장 외 3명, 매일경제 ECONOMY, 2002. 7. 10.

이기동 차장 외 3명, 매일경제 ECONOMY, 2002. 7. 17.

정대용 기자, 매일경제 ECONOMY, 2002. 7. 31.

명순영 기자, 매일경제 ECONOMY, 2002. 8. 7.

정광재 기자, 매일경제 ECONOMY, 2002. 8. 28.

이제경 기자, 매일경제 ECONOMY, 2002. 9. 4.

김소연 기자, 매일경제 ECONOMY, 2002. 9. 11.

이영관 기자, 매일경제 ECONOMY, 2002. 9. 18.

안은주 기자, 시사저널, 2002. 7. 18.

최석영 기자, 한국일보, 2002. 1. 8.

임규열 기자, 한국일보, 2002. 7. 20.

히딩크 관련기사, 한국일보, 2000. 11.～2002. 7.

조장래 기자, 경향신문, 2002. 7. 20.

최효찬 기자, 경향신문, 2002. 8. 5.

임웅재 기자, 서울경제신문, 2002. 5. 14.

윤은기, 한전기술 3월 사보, 2002. 3. 15.

박내선 기자, 조선일보, 2002. 6. 5.

남창룡 기자, 세계일보, 2002. 7. 10.

염호상 기자, 세계일보, 2002. 7. 23.

김기환 기자, 세계일보, 2002. 7. 24.

김민열 기자, 서울경제신문, 2002. 6. 25.

김영기 기자, 서울경제신문, 2002. 7. 11.

김규식 기자, 매일경제신문, 2002. 6. 10.

권민수 기자, 매일경제신문, 2002. 6. 13.

장만호 기자 외 4명, 한국경제신문, 1999. 1. 8.

강병서(경희대 교수), 한국경제신문, 1999. 1. 21.

노혜령 기자, 한국경제신문, 1999. 1. 25.

노혜령 기자, 한국경제신문, 1999. 1. 28.

박광태(고려대 교수), 한국경제신문, 2001. 1. 14.

최병돈(한림대 교수), 한국경제신문, 2002. 2. 4.

이봉구 기자 외 6명, 한국경제신문, 2002. 3. 11.

조일훈 기자, 한국경제신문, 2002. 3. 19.

산업부 대기업팀, 한국경제신문, 2002. 3. 19.

조일훈 기자, 한국경제신문, 2002. 3. 22.

산업부 대기업팀, 한국경제신문, 2002. 3. 22.

강현철 기자, 한국경제신문, 2002. 3. 25.

김홍열 기자, 한국경제신문, 2002. 3. 27.

김홍열 기자, 한국경제신문, 2002. 5. 20.

김홍열 기자, 한국경제신문, 2002. 5. 27.

김홍열 기자, 한국경제신문, 2002. 5. 30.

김홍열 기자, 한국경제신문, 2002. 6. 3.

김홍열 기자, 한국경제신문, 2002. 6. 10.

김홍열 기자, 한국경제신문, 2002. 6. 17.

장진모 기자, 한국경제신문, 2002. 7. 8.

손희식 기자, 한국경제신문, 2002. 9. 10.